RECHERCHE

SUR L'ORIGINE DE LA RÈGLE :

DONNER ET RETENIR NE VAUT.

PAR

M. ALBERT DESJARDINS,

AGRÉGÉ À LA FACULTÉ DE DROIT DE PARIS.

Extrait de la Revue critique de législation et de jurisprudence,
tome XXXIII, livraisons d'août, sept.-oct. 1868.

PARIS

COTILLON, ÉDITEUR, LIBRAIRE DU CONSEIL D'ÉTAT,

24, rue Soufflot, 24

—

1868

RECHERCHE

SUR L'ORIGINE DE LA RÈGLE :

DONNER ET RETENIR NE VAUT

PAR

M. Albert DESJARDINS,

AGRÉGÉ A LA FACULTÉ DE DROIT DE PARIS.

Extrait de la REVUE CRITIQUE DE LÉGISLATION ET DE JURISPRUDENCE,
tome XXXIII, livraisons d'août, septembre-octobre 1868.

PARIS

COTILLON, ÉDITEUR, LIBRAIRE DU CONSEIL D'ÉTAT,

24, RUE SOUFFLOT, 24.

1868

Paris. — Imprimerie de CUSSET ET C°, 26, rue Racine.

RECHERCHE

SUR L'ORIGINE DE LA RÈGLE :

DONNER ET RETENIR NE VAUT.

I.

1. Le Code Napoléon définit la donation entre-vifs « un acte par lequel le donateur se dépouille actuellement et irrévocablement de la chose donnée, en faveur du donataire qui l'accepte. »(Art. 894.) Toutes les clauses qui porteraient atteinte à l'irrévocabilité, en réservant pour le donateur la faculté de détruire ou de restreindre son bienfait, sont prohibées ; les donations, où elles seraient insérées, seraient nulles, ou pour le tout, ou pour partie, dans la mesure où elles seraient révocables.

Dans les cas prévus aux articles 943-946 et 948, le donateur reste maître de sa libéralité, pour le tout ou pour partie, soit en fait, soit en droit ; il la peut révoquer ; or un acte révocable ne saurait être une donation d'après le Code : « L'irrévocabilité, sans laquelle il n'y a pas de donation....., » disait Jaubert[1].

2. Le principe posé par l'article 894, appliqué à diverses hypothèses par les articles 943 et suivants, est emprunté à l'ancien droit : « De là, disait Bigot-Préameneu, que *c'est donner et retenir, quand le donateur s'est réservé la puissance de disposer librement de la chose donnée*[2]. »

Les rédacteurs du Code ont reproduit une règle coutumière,

[1] Rapport au Tribunat.
[2] Exposé des motifs de la loi relative aux donations entre-vifs et aux testaments.

mais, selon leur habitude, sans reproduire les termes dans lesquels elle était conçue.

Nous nous proposons de rechercher comment et pourquoi cette règle s'était introduite et maintenue dans notre ancien droit.

3. Dans notre ancien droit la maxime *donner et retenir ne vaut* avait une double application, disons mieux, une double signification. L'une et l'autre étaient réunies dans l'article 274 de la coutume de Paris : « C'est donner et retenir, quand le donateur s'est réservé la puissance de disposer librement de la chose par lui donnée, ou *qu'il demeure en possession jusques au jour de son décès.* » Ainsi, d'après la coutume de Paris, et nous pouvons ajouter d'après le droit commun du royaume, pour qu'une donation fût valable, il fallait, comme aujourd'hui, que le donateur ne gardât nul moyen de reprendre ou de restreindre sa libéralité ; il fallait, de plus, qu'il l'eût mise à exécution avant sa mort, qu'il eût transmis au donataire la possession de la chose donnée.

Comme la coutume de Paris, les coutumes d'Auvergne (ch. XIV, art. 18-23), d'Orléans (art. 283), d'Auxerre (art. 217), de Sens (art. 108 et 115), de Melun (art. 230 et 231), de Nivernois (ch. XXVII, art. 1-3), de Normandie (art. 444-446), de Sedan (art. 108 et suivants) mettaient les deux conditions de validité sur la même ligne et les rattachaient au même principe.

Il faut observer toutefois que, dans la première rédaction, les coutumes de Paris (art. 160 et 161), de Sens (art. 95 et 101), d'Auxerre (art. 108), d'Orléans (art. 222) ne parlaient pas des clauses qui permettaient au donateur de revenir sur la donation. L'ancienne coutume de Melun ne contenait pas le principe.

4. La seconde condition, qui n'existe plus dans notre droit, était la seule que la plupart des coutumes eussent expressément indiquée. Citons dans le nombre les coutumes de Péronne, Montdidier et Roye (art. 109), de Chauny (art. 57), de Senlis (art. 211), de Berry (tit. VII, art. 1-4). Quelques-unes, comme les coutumes de Mantes (art. 150), d'Étampes (art. 146), de Dourdan (art. 73), etc., après avoir posé le principe, déclaraient qu'il suffisait d'une rétention d'usufruit dans l'acte de donation, c'est-à-dire d'une tradition feinte, pour y satisfaire.

C'était bien montrer que le principe avait pour objet de rendre la tradition nécessaire. Du reste, ce que les coutumes ne disaient pas sur les conditions potestatives de la part du donateur, les commentateurs se chargeaient de l'ajouter. Claude le Caron s'exprimait ainsi sur la coutume de Péronne : « Si le donateur réserve la faculté de pouvoir vendre en cas de nécessité, *et si tradita fuerit possessio*, la donation ne vaut[1]. » Les jurisconsultes qui ont écrit sur la coutume de Berry en ont interprété de même les dispositions[2]. La pratique rétablissait l'uniformité qui n'était pas dans les textes.

Une pareille extension avait eu lieu en sens inverse dans la coutume de Bourbonnais. L'article 212 énonçait la maxime et en tirait cette seule conséquence que le donateur ne pouvait retenir la disposition de la chose. L'article 213 déclarait la donation valable sans appréhension réelle et actuelle, et permettait au donataire d'agir contre les héritiers du donateur : « Il faut au moins une tradition feinte ou par équipollence, » dit Auroux des Pommiers, s'appuyant sur l'autorité d'un commentateur plus ancien[3].

5. Les deux conditions diffèrent essentiellement entre elles. Au moment même où se fait la donation, à la seule vue de l'acte, on sait si le donateur a satisfait à la première, en se dépouillant sans retour. Quant à la seconde, on peut être forcé d'en attendre l'accomplissement jusqu'à la mort : « Ou qu'il demeure en possession jusques au jour de son décès, » dit la coutume de Paris. Il est possible que l'acte se complète seulement *ex post facto*; c'est longtemps après le moment où il aura été fait qu'il sera déclaré valable ou nul. Nos anciens jurisconsultes avaient compris ce qu'il y avait de choquant dans cette longue suspension de validité. D'Argentré expliquait ainsi la seconde condition : « Est enim retentio, præsertim diuturna, testis non tam pœnitentiæ post actum quam simulati actus ipsius, veluti initio aliud actum sit[4]; »

---

[1] Sur l'article 109, n° 8. Cf. La Villette, sur le même article.

[2] Ragueau, *les Coutumes générales des pays et duché de Berry*, sur le titre VII, art. 1.— Thaumas de la Thaumassière, *Nouveaux commentaires sur les coutumes générales du pays et duché de Berry*, sur le même article.

[3] Sur l'article 213, n° 1.

[4] Sur l'article 226 (ou plutôt 228) de la coutume de Bretagne.

et Charondas le Caron, d'un ton moins ferme : « La raison d'icelui (art. 273, coutume de Paris) et du 274 est que celui qui a donné, s'il se réserve la jouissance de la chose donnée ou demeure en possession d'icelle jusques à son décès, est réputé se repentir de la donation et la révoquer, ou (*ce qui est plus probable*) n'avoir fait icelle que par simulation, comme si du commencement autre eût été son intention [1]. »

Ricard a voulu rapprocher par une communauté d'expressions les deux conditions différentes qui se trouvaient réunies dans le même adage. Il a dit que les coutumes exigeaient deux traditions, l'une de fait, l'autre de droit. La tradition de fait est celle qui est ordinairement désignée par le nom simple de tradition, celle qui consiste dans la remise d'une chose par une personne à une autre. La tradition de droit consiste dans le dépouillement irrévocable du donateur [2].

Les expressions de Ricard ont fait fortune au XIX° siècle, et la plupart des auteurs contemporains les représentent comme ayant été généralement employées dans l'ancien droit. Cependant ni Ferrière ni Pothier n'en ont fait usage. Bourjon distinguait bien une tradition de fait et une tradition de droit, mais, pour lui, la première était la tradition réelle et la seconde la tradition feinte [3]. Aussi Merlin ne conserve-t-il la distinction de Ricard que parce qu'il la trouve admise dans l'usage, et après avoir dit : « On ne voit pas trop sur quoi cette distinction est fondée. Tous les jurisconsultes romains définissent la tradition *datio possessionis*, et n'en reconnaissent par conséquent qu'une seule espèce, celle que Ricard appelle *tradition de fait* [4]. »

6. Dans le dernier état du droit, la donation est parfaite par le seul consentement des parties; elle oblige le donateur et permet au donataire d'intenter une action en justice pour se faire délivrer la chose donnée. Le jugement de condamnation qu'il obtient lui tient lieu de la tradition sans laquelle la donation serait dénuée d'effet.

---

[1] Sur la coutume de Paris, articles 272-275.

[2] *Traité des donations*, 1re partie, ch. IV, sect. II, n°° 900 et 901.

[3] *Droit commun de la France*, t. II, liv. V, tit. IV, part. IV, ch. III, sect. I, n° 1.

[4] *Répertoire*, v° *Donation*, sect. V, § 1.

Cet état du droit est constaté, aux XVII et XVIII siècles par Ricard [1], Ferrière [2], Laurière [3], Pothier [4].

L'ordonnance de 1731 s'y conforme : « L'article 5, dit Merlin [5], porte que les donations entre-vifs ne pourront *engager le donateur* que du jour où elles auront été acceptées par le donataire. Par là le législateur suppose bien clairement que le donateur peut s'obliger à l'accomplissement de la donation, à la délivrance de la chose donnée. »

Le même auteur nous dit que d'après les coutumes de la Flandre flamande, la tradition actuelle, immédiate, était nécessaire pour la validité même de la donation, que celle-ci n'avait pas de force obligatoire par elle-même. Il cite en témoignage un commentateur de la coutume de Gand et des observations du parlement de Douai : « Nous ne connaissons, ajoute-t-il [6], aucune autre coutume qui ait adopté dans ce sens la maxime *donner et retenir ne vaut....* »

L'effet obligatoire de la donation n'avait été ni aussi généralement ni aussi facilement admis dans notre droit coutumier que le suppose Merlin.

Pothier, qui le reconnaît sans hésiter dans son commentaire sur la coutume d'Orléans, s'exprime ainsi dans son *Traité des donations entre-vifs :* « Cela souffre difficulté en notre coutume, qui dit, en termes très-généraux, que, pour que la donation soit valable, il faut que dès le temps du don le donateur se dessaisisse. C'est pourquoi Lalande, sur l'article 283, dit formellement qu'à défaut de clause de tradition feinte, le donataire ne peut pas agir personnellement contre le donateur à ce qu'il soit condamné à la délivrance des meubles ou immeubles par lui promis. Et ailleurs il dit que, par notre coutume, conforme en cela à l'ancien droit romain, la simple paction de donner n'est point obligatoire [7]. » Pothier rapporte ensuite

---

[1] *Loc. cit.,* n°⁵ 897 et 945.

[2] *Corps et compilation de tous les commentateurs anciens et modernes sur la coutume de Paris,* édit. 1685, tit. XIII, introd., n° 11, et sur l'article 273, n°⁵ 1, 4, 22 et 28.

[3] *Texte des coutumes de la prévôté et vicomté de Paris,* sur l'article 273.

[4] *Introduction au titre XV de la coutume d'Orléans,* n° 25.

[5] *Loc. cit.,* art. 3.

[6] *Loc. cit.,* art. 2.

[7] Sect. II, art. II, § 1.

les arguments de ceux qui accordent l'action au donataire, même dans la coutume d'Orléans, sans approuver expressément cette opinion, qu'il s'approprie ailleurs en parlant du droit commun.

Ricard lui-même semble avoir eu quelque doute. Après avoir cité l'article 64 de la coutume de Châlons, qui accordait expressément l'action au donataire, il ajoute : « *Je crois* que cet article doit avoir lieu dans les autres coutumes, qui ne contiennent rien de contraire, en ce qu'il porte que le donataire peut agir par action personnelle, à l'encontre du donateur vivant, afin d'avoir délivrance de la chose par lui donnée [1]. » L'opinion de l'auteur devient une affirmation dans une note de l'éditeur [2].

Quant à Laurière, il déclare qu'un changement s'était produit dans notre droit coutumier : « Comme dans l'ancien droit romain, disait-il [3], il n'y avait pas (à l'origine) de donation sans tradition actuelle, la donation n'était alors qu'une libéralité et non un contrat, parce que, quand elle était acceptée, tout étant consommé sur-le-champ et à l'heure même, il n'en résultait aucune obligation civile, ni par conséquent aucune action. »

D'après ce texte, les auteurs assez nombreux qui refusent à la donation la force d'obliger le donateur défendent un ancien principe de notre droit coutumier. Leur nombre ne permet pas de croire à une erreur de leur part; leur ton affirmatif montre qu'ils ne pensent pas exprimer une opinion contestable sur une question controversée.

Ce n'est pas seulement de la coutume d'Orléans que parle l'auteur cité par Pothier, Delalande : « *En France*, dit-il [4], nous suivons l'ancienne jurisprudence civile, car il est nécessaire que le donateur déclare par l'acte de donation qu'il se dessaisit de la chose donnée et en transporte la possession et seigneurie au donataire : autrement celui à qui le don a été conféré *ne peut agir personnellement contre le donateur*, pour le faire condamner à la délivrance des meubles ou immeubles qu'il a promis de donner par pure libéralité. »

[1] *Loc. cit.*, n° 897.
[2] Après le n° 902.
[3] *Loc. cit.*, introd. au titre XIII.
[4] Sur l'article 283 de la coutume d'Orléans, n° 2.

Delalande écrivait à la fin du XVII° siècle. Un commentateur de la coutume de Berry, qui appartient au commencement, Ragueau, disait en termes aussi nets et aussi généraux : « *His moribus nostris* le donataire ne pourra agir par action personnelle à l'encontre du donateur vivant, afin d'avoir délivrance de la chose par lui donnée, encore que le donateur soit en son entier, et ait le pouvoir de ce faire : toutefois est contraire la coutume de Châlons, article 64, et de Reims, article 230[1]. » Au milieu du siècle, Buridan, qui commentait la coutume de Reims, accordait l'action au donataire, mais seulement si le donataire avait gardé la chose en sa puissance[2].

Au XVI° siècle, Denys du Pont consacrait plusieurs pages à démontrer que le droit romain, dans son dernier état, avait rendu la donation obligatoire par elle-même, et il ajoutait que la coutume de Blois, que l'usage général du royaume avaient établi une règle différente, refusant au donataire tout moyen d'obtenir une chose dont il n'avait pas reçu la possession corporelle ou civile : « Hoc jure municipali, disait-il plus loin, nulla actio, nulla condictio, nullum denique remedium donatario in donantem ad traditionem possessionis competit[3]. »

Faut-il croire que Dumoulin exprime la même idée dans le passage suivant : « *Ne vault* : scilicet ad transferendum dominium : interim, cui datur, *nihil facit*, sed quando in actu perseveratur ad dandum, ut donum valeat[4] ? »

Il est certain que d'Argentré la combat; il recommande au donataire d'employer la *condictio* imaginée par Justinien pour se faire délivrer la chose[5].

Plusieurs siècles avant ces auteurs, au moment même où le droit coutumier commençait à se former, Beaumanoir avait dit : « Ce ne peut-on faire (la révocation) des dons que on donne ou *promet* hors du testament, car il les convient rem-

---

[1] *Loc. cit.*

[2] Sur l'article 230, n° 2. Sinon, « il (le donataire) n'a plus de droit pour le contraindre à lui en faire la délivrance. »

[3] Dionysii Pontoni *in consuetudines Blesenses*, tit. XII, art. 169. — Cf. Imbert, *Enchiridion*, v° *Donner et retenir ne vaut*, la note.

[4] Sur la coutume de Paris, art. 160.

[5] *Loc. cit.*

plir[1]. » N'avait-il pas établi d'avance la règle qui fut contredite au XVI° siècle, sans être complétement abandonnée, puisque d'Argentré la défendit, qui, contestée encore au XVII° siècle, finit par l'emporter et parut au XVIII° siècle n'avoir jamais souffert de résistance? N'était-ce pas l'antique et véritable règle du droit coutumier?

Nous n'oserions pas affirmer le contraire, tout en observant que Beaumanoir pouvait dépasser ses contemporains, peut-être même devancer les progrès des âges suivants, quand il cherchait à faire respecter les conventions. Mais si notre plus ancien droit avait accordé l'action, ne sommes-nous pas forcé de reconnaître qu'un droit plus récent l'avait refusée, au moins dans beaucoup de pays? Ce fut l'empire des lois romaines qui la fit admettre de nouveau. D'Argentré offre au donataire la *condictio* de Justinien. Le Caron renvoie au Code et aux Institutes[2]. La plupart des auteurs qui viennent après eux suivent leur exemple.

A vrai dire, on ne comprend guère pourquoi l'action est donnée contre le donateur, puisqu'elle est refusée contre ses héritiers. La maxime *donner et retenir ne vaut*, en tant qu'elle rend nulle la donation qui n'a pas été suivie de tradition pendant la vie du donateur, ne peut s'expliquer que de deux manières : ou le donateur a révoqué implicitement sa libéralité en ne livrant pas la chose donnée, ou il a fait, dès l'origine, un acte qui n'était pas sérieux. C'est à cette dernière explication que s'arrêtent d'Argentré et le Caron. Mais si le donateur a le pouvoir de révoquer en refusant de livrer, comment peut-il être contraint à cette livraison? et s'il a fait un acte qui n'était pas sérieux, pourquoi en tirer une obligation? Un acte sérieux, obligatoire jusqu'à la mort d'une partie, devient-il *ex post facto* simulé au moment et par l'effet même de cette mort? N'y a-t-il pas une contradiction choquante entre ces deux règles, celle qui donne l'action contre le donateur, celle qui la refuse contre les héritiers? Cette contradiction ne prouve-t-elle pas que l'une des deux règles a dû être admise après l'autre?

On peut répondre que la preuve de la simulation résulte

---

[1] *Les Coutumes du Beauvoisis*, ch. XII, n° 39.
[2] *Sur la coutume de Paris*, art. 272-275.

précisément du silence gardé par le donataire. Il est certain qu'il a pu agir; il est certain qu'il n'a pas agi; pourquoi, si ce n'est parce qu'il a respecté une secrète convention, parce qu'il s'est reconnu sans droit ? Ce raisonnement serait plus spécieux que juste. En effet, le silence du donataire peut s'expliquer tout autrement et d'une manière beaucoup plus vraisemblable que par l'aveu tacite d'une simulation. Il peut avoir pour causes le respect et la reconnaissance. Le bon sens dit que la simulation ne se présume pas facilement.

La rédaction même de la maxime fournirait peut-être une objection : *donner et retenir ne vaut*. N'est-ce pas le langage que tient le donataire à qui le donateur refuse la délivrance de la chose promise ? N'est-ce pas lui qui le premier a dû protester contre la prétention de garder une chose après l'avoir donnée ? C'est au XIIIe siècle que la maxime apparaît ainsi rédigée, c'est au XIIIe siècle que Beaumanoir astreint le donateur à tenir sa promesse. Mais Beaumanoir ne tire pas argument de la maxime, il ne la cite même pas. C'est dans l'ancienne coutume de Champagne que nous la trouvons[1] : elle n'y sert qu'à constater la nécessité du dessaisissement de la part du donateur; c'est la nouvelle manière d'exprimer l'idée que les *assises de Jérusalem* avaient rendue ainsi : *Don ne vaut sans la saisine de la chose*[2].

7. S'il est vrai que, à défaut de tradition, la donation n'ait pas eu pendant longtemps la force d'obliger le donateur, nous reconnaîtrons, non plus une différence, mais une contradiction formelle entre les deux applications de la maxime *donner et retenir ne vaut*. L'une tend à rendre la donation entièrement irrévocable; par l'effet de l'autre, cette même donation, dépourvue de toute force, est laissée en la main du donateur, qui peut à son gré la rendre efficace ou inutile, selon qu'il accorde ou refuse la tradition.

8. En quoi consistait la tradition exigée ?

« Les coutumes, dit Pothier[3], sont différentes sur la qualité de la tradition. Il y en a qui en demandent une solennelle sous différents noms. D'autres demandent une tradition réelle

---

[1] V. *infra*, n° 10.
[2] *Ibid.*
[3] *Traité des donations entre-vifs*, sect. II, art. II, § 1.

et ne reconnaissent point pour valables les donations dans lesquelles il n'est intervenu qu'une tradition feinte telle que celle qu'on induit de la rétention d'usufruit. Dans les coutumes de Paris et d'Orléans, les donations sont valables, soit que la tradition ait été réelle, soit qu'elle ait été seulement feinte. »

Dans la première classe étaient les coutumes de Chaumont-en-Bassigny (art. 76), de Vitry-le-François (art. 111), de Reims (art. 231), de Laon (art. 53 et 54), de Sedan (art. 109). Toutes ces coutumes demandaient au reste une tradition réelle ou feinte, outre l'ensaisinement. La seconde classe comprenait la coutume de Senlis (art. 212), de Gerberoy (art. 88), de Clermont-en-Beauvoisis (art. 127), de Valois (art. 130). Celles-ci se rattachaient à celles-là, en ce qu'elles exigeaient l'appréhension réelle, à défaut de l'ensaisinement et comme le remplaçant. Aussi donnait-on même aux secondes le nom de *coutumes de saisine et de nantissement*[1]. Les unes et les autres étaient exceptionnelles. Ricard signale les coutumes de Chaumont et de Vitry comme contenant des singularités, celle de Senlis et « quelques autres » comme exigeant ce que n'exige pas le droit commun du royaume[2].

Les coutumes de la troisième classe étaient en effet les plus nombreuses. L'article 275 de la coutume de Paris était ainsi conçu : « Ce n'est donner et retenir, quand l'on donne la propriété d'aucun héritage retenu à soi l'usufruit à vie ou à temps, ou quand il y a clause de constitut ou précaire; et vaut telle donation. » La même disposition se rencontrait dans les coutumes d'Étampes (art. 146), de Dourdan (art. 93), de Montfort-l'Amaury (art. 153), d'Orléans (art. 284), de Normandie (art. 446), etc. D'autres la reproduisaient en partie; elles ne parlaient que de la rétention d'usufruit, par exemple celles de Bourbonnais (art. 214), de Blois (art. 169), de Troyes (art. 137), de Melun (art. 231), etc.

La tradition feinte était admise par le droit commun des pays coutumiers[3]. Dans les coutumes qui s'expliquaient seulement sur la rétention d'usufruit, le constitut et le précaire produi-

---

[1] Ferrière, sur l'article 275, n° 7.
[2] *Loc. cit.*, n° 913 et 914.
[3] Ricard, *loc. cit.*, n° 903 et 917. — Ferrière, sur l'article 275, n° 7.

saient le même effet[1]. Il y avait en outre bien d'autres manières d'opérer la tradition feinte. La coutume de Reims (art. 229) ne citait la rétention d'usufruit, le constitut et le précaire, la coutume de Châlons (art. 64) la rétention d'usufruit et le précaire, qu'à titre d'exemples. C'était une question si, dans la coutume de Paris et dans celles qui contenaient des dispositions pareilles aux siennes, l'énumération des modes de tradition feinte était limitative ou énonciative. Ricard, après l'avoir examinée, décidait qu'il fallait accepter tous les modes indiqués par le droit romain, en se fondant sur ce que les coutumes avaient voulu dispenser les parties de la tradition réelle et reproduire une disposition romaine[2]. Il suffisait que le donateur retînt l'héritage donné à titre de ferme ou de loyer[3], qu'il remît les clefs au donataire, que celui-ci se mît en possession de la chose au su et au vu du donateur, qu'il reçût les titres de propriété[4]; mais malgré l'autorité de la loi 1, C., *De don.*, la remise de l'instrument de la donation n'équivalait point à délivrance[5].

La clause de dessaisine-saisine était généralement considérée comme insuffisante. Il faut dire qu'elle était d'origine coutumière et non romaine. Ragueau, qui avait commencé par l'admettre[6], s'était bien vite rétracté. « La simple saisine et dessaisine faite en présence de notaire et témoins ne suffit pour tradition de fait et prise de possession, *comme elle vaut en autres matières*[7], » et la Thaumassière : « Quoique, dans les contrats de vente et aliénation, saisine et dessaisine faite en présence de notaire, équipolle à tradition de fait, et à prise de possession de la chose aliénée, néanmoins en matière de donation entre-vifs, la tradition réelle ou la feinte par rétention d'usufruit, par constitut ou précaire, est absolument requise à cause de la règle *donner et retenir ne vaut*[8]. »

[1] Auroux des Pommiers, sur la coutume du Bourbonnais, art. 213, n° 1.

[2] *Loc. cit.*, n°° 910 et 912.

[3] Ferrière, sur l'article 275, n° 30. — Pothier, *loc. cit.*, fait rentrer ce cas dans celui où il y a constitut possessoire.

[4] Buridan, sur l'article 229 de la coutume de Reims, n° 15.

[5] *Id.*, — Ferrière, *loc. cit.*, n° 5.

[6] Sur le titre VII, art. 1.

[7] Sur l'article 3.

[8] *Les anciennes et nouvelles coutumes locales de Berry et celles de Lorris*, sur le ch. XI, art. 5, de la coutume de Lorris.

Ces passages sont remarquables; ils montrent pourquoi et dans quelle mesure la tradition est ici exigée. La clause de dessaisine-saisine ne produisait la tradition feinte que dans la coutume d'Orléans, qui l'admettait expressément par son article 278; encore fallait-il que la réalité n'eût pas contredit la fiction et que le donateur eût du moins cessé de posséder [1].

Aux deux restrictions que nous venons de voir, il en faut ajouter une autre, inspirée par le même esprit, bien qu'elle soit d'une autre nature: « Quoique les traditions feintes et civiles, dit Delalande [2], soient réputées suffisantes pour parfaire la donation, cela se doit entendre pourvu qu'elles se fassent de bonne foi; autrement, s'il y a des apparences et fortes présomptions de fraude, la donation court fortune d'être cassée quand la tradition réelle n'est pas intervenue. »

L'opinion de Delalande n'était pas isolée. Godefroy disait, en commentant la coutume de Normandie: « Au fait contentieux je fais doute de prendre toutes les traditions feintes pour vérités, si nonobstant icelles, le donateur est trouvé possesseur lors de son décès, parce que la disposition de notre coutume est expresse en ce regard (sur l'art. 444). »

Enfin l'application de la tradition feinte aux meubles offrait un danger tout particulier; aussi avait-elle été contestée, sous ce prétexte que les meubles n'ont pas de suite. Ferrière l'admettait cependant, mais il exigeait un inventaire fait en même temps que l'acte de donation [3]. Ricard s'en tenait au texte des coutumes, ne distinguant pas, puisque celles-ci n'avaient pas distingué [4]. Il semble qu'il devait se soumettre, quand elles exigeaient expressément une tradition effective des biens meubles, comme la coutume de Sedan (art. 113), quand elles s'expliquaient sur la tradition feinte à propos des seuls immeubles, comme les coutumes d'Étampes (art. 146) et de Montfort-l'Amaury (art. 153). De même que Ferrière et avant lui, Ricard avait exigé l'inventaire. On sait que leur opinion fut consacrée par l'article 15 de l'ordonnance de 1731.

Ainsi la tolérance des coutumes avait été étendue aux cas

[1] Pothier, sur cet article.
[2] Sur l'article 281 de la coutume d'Orléans, n° 8.
[3] Loc. cit., n°° 8-10.
[4] Loc. cit., n°° 058 et suiv.

et aux modes dont celles-ci no faisaient pas uno mention expresse. L'usage ou les jurisconsultes n'avaient établi ou proposé que les exceptions indispensables pour empêcher les fraudes.

A l'inverse, les coutumes qui excluaient expressément un mode de tradition feinte étaient censées les exclure tous. Voilà pourquoi, dans la coutume de Senlis, qui ne rejetait que la tradition d'usufruit, toute tradition feinte était proscrite[1].

9. *A priori*, on peut douter que la tradition feinte ait été admise en même temps que la tradition réelle. C'est toujours la réalité qui commence; la fiction vient comme un adoucissement, comme un moyen d'éluder une nécessité de droit, quand celle-ci ne répond plus à un besoin de la pratique.

Nos anciens auteurs reconnaissent en effet que le droit s'était modifié : « Dans l'ancienne jurisprudence, dit Ferrière[2], la véritable tradition était nécessaire pour l'acquisition de la propriété de la chose donnée, mais depuis on inventa les traditions feintes. » Ricard avait indiqué aussi le changement opéré dans les coutumes, quand elles avaient admis « la rétention d'usufruit et le constitut ou précaire, introduits par le droit romain pour traditions par voie feinte et pour équipoller à la tradition par voie réelle, à l'effet de donner l'accomplissement à la donation[3]. »

Il est vraisemblable que la tradition feinte vient du droit romain. Quelques coutumes le disent expressément, celles de Bourges (rub. IX, art. 2), d'Etampes (art. 146), de Dourdan (art. 93). Or ce n'est pas à l'origine du droit coutumier que s'est fait sentir l'influence romaine; il est possible qu'on ait eu de tout temps l'idée plus ou moins précise de la tradition feinte, mais la doctrine ne s'en est formée, les applications de détail n'en ont été imaginées que d'après les commentateurs du droit romain.

Ainsi s'expliquent et la résistance obstinément opposée par certaines coutumes à la tradition feinte, et les restrictions qu'elle a dû subir là même où elle s'est fait admettre. Les modes les plus généralement consacrés ont commencé par

[1] Ricard, ib., n° 941.
[2] Sur l'article, 273 n° 11.
[3] *Loc cit.*, n° 915.

inspirer de la répugnance. Denys du Pont n'admettait pas que le constitut, établi pour la vie du donateur, produisît une tradition feinte comme la rétention d'usufruit : d'après lui, le donateur ne pouvait valablement attendre, pour se dépouiller de la possession, le moment où il ne l'aurait plus, puisqu'il serait mort[1]. Godefroy exprimait plus tard la même opinion sous forme de doute[2].

Cependant les coutumes de Champagne, rédigées en 1224, ne déclarent nulle la donation qui n'est pas suivie de tradition que si le donateur ne « paie loyer ni nulle redevance à celui à qui aura fait le don[3]. » Elles semblent admettre la tradition feinte qui consiste, de la part du donateur, à posséder comme fermier du donataire. Il est vrai qu'elles exigent, au préalable, un investissement par justice. L'intention du donateur est suffisamment manifestée, disons plus, réalisée, par la réunion de ces deux circonstances. L'investissement fait disparaître la clandestinité que produirait la tradition feinte, si elle était seule.

Dès les premiers temps de notre histoire, il arrivait assez souvent que ceux qui faisaient des libéralités aux églises ou aux monastères se réservassent l'usufruit des choses données. Dans une des formules de Marculf[4], le roi constate qu'un de ses fidèles a retenu l'usufruit d'un bien, en investissant le donataire de la propriété. D'autres formules nous montrent les donateurs faisant tradition par l'acte même, gardant le droit de jouir jusqu'à leur mort, et ordonnant qu'après eux les donataires pourront se mettre en possession des choses données, « absque ullius judicis aut heredum nostrorum exspectata traditione[5]. » L'usage était que les donateurs reçussent les biens à précaire pour leur vie, moyennant un cens modique : nous devons à cet usage un grand nombre de chartes appelées *precariæ*, où est reconnu le droit de l'église propriétaire. Elles portent, en général, que l'église n'aura besoin de demander la tradition ni au juge ni aux héritiers, quand le

[1] Sur la coutume de Blois, *loc. cit.*
[2] Sur la coutume de Normandie, art. 445.
[3] Art. 11.
[4] Lib. I, c. 13. Canciani, t. I, p. 198.
[5] Lib. II, c. 3, p. 323.

concessionnaire sera mort. Mais de ce que le propriétaire reprend sa chose au terme de la concession, sans rien demander à personne, s'ensuit-il que dès l'origine la tradition réelle ne soit point nécessaire pour opérer la mutation de propriété? Nous n'en sommes pas certain. La première formule que nous rapportions à l'instant nous apprend que le donataire avait été investi *per festucam* ; aucune réserve ne devait dispenser de l'investissement. Dans un autre recueil, nous rencontrons une tradition faite par le donateur, et suivie d'une *repræstatio* que fait à son tour le donataire pour constituer le précaire [1]. Ajoutons que les *precariæ* représentent souvent la donation comme ayant été faite antérieurement.

Quoi qu'il en soit, le droit coutumier était depuis longtemps habitué aux réserves d'usufruit dans les donations, et par là même disposé à en étendre les effets juridiques, s'il était nécessaire. Ce qui est assez moderne, ce qu'il faut attribuer aux commentateurs et aux imitateurs du droit romain, c'est l'idée d'opposer, en général, une tradition feinte à la tradition réelle, de faire rentrer sous la première dénomination la rétention d'usufruit, les clauses de constitut, de précaire, etc. Nos anciens auteurs ne se sont pas trompés quand ils ont reconnu qu'une condition de validité, sérieuse à l'origine, était devenue illusoire.

10. La maxime *donner et retenir ne vaut* sert à exprimer deux règles distinctes. L'une est-elle plus ancienne que l'autre?

Il est certain que, dans les derniers temps, celle qui interdit au donateur de retenir indirectement la disposition de la chose donnée prend de l'importance au détriment de celle qui prescrit la tradition. Domat explique l'irrévocabilité des donations entre-vifs : « C'est de ce principe, dit-il [2], que dépend cette règle commune en cette matière, que *donner et retenir ne vaut*, ce qui signifie que si le donataire retient ce qu'il donne, il ne se dépouille pas et ne donne point. » Quant à la nécessité de la tradition, Domat n'en dit rien ; la faculté reconnue au donateur de se réserver l'usufruit apparaît beaucoup plus loin, rattachée, non pas à la règle coutumière, mais à des lois ro-

---

[1] *Formulæ antiquæ Alsaticæ*, c. 1 et 2, p. 101.
[2] *Les lois civiles*, liv. I, tit. X.

maines[1]. Ricard paraît avoir la même idée. Il commence sans doute par exiger la tradition de droit et de fait, qui est une des règles de notre jurisprudence française et que l'article 274 de la coutume de Paris explique de cette sorte : « C'est donner et retenir, etc[2]. » Mais ensuite le jurisconsulte rattache à l'article 275 le développement de la condition qu'il appelle la *tradition de fait*, et c'est seulement à propos de la *tradition de droit*, de l'aliénation irrévocable, qu'il parle de l'article 273 : « Donner et retenir ne vaut, » de « cette proposition qui passe pour une règle générale de notre jurisprudence française[3]. » Il est vrai qu'on trouve des auteurs qui insistent uniquement sur la nécessité de la délivrance, par exemple Laurière, commentant Loisel[4]; mais ils ne peuvent balancer Domat et Ricard; chez ces derniers se manifeste clairement la disposition de la science à entendre la maxime *donner et retenir ne vaut* comme exprimant ce caractère essentiel de la donation entre-vifs, l'irrévocabilité.

La même disposition se montre dans la législation. L'ordonnance de 1731 sur les donations confirme, étend au royaume tout entier la règle *donner et retenir ne vaut*, mais seulement en tant qu'elle assure l'irrévocabilité (art. 15 et suiv.). La pensée de ceux qui rédigèrent l'ordonnance ne saurait être douteuse. D'Aguesseau disait nettement ce que laissent comprendre le silence de Domat sur la tradition et le plan de Ricard : « Le sens de la maxime que *donner et retenir ne vaut*, écrivait-il au parlement de Besançon[5], n'est point que la tradition feinte ne puisse avoir lieu dans les donations, et personne, *dans les pays coutumiers même, n'a jamais pensé à exiger des donateurs une tradition réelle; tout ce que cette maxime signifie* est que le donateur ne peut se réserver, ni la propriété des choses données dans le temps qu'il la donne, ni le droit d'en priver le dona-

---

[1] *Ib.*, sect. 1, n° 40.

[2] *Loc. cit.*, n° 898.

[3] *Loc. cit.*, n° 970.

[4] *Inst. cout.*, liv. IV, tit. IV, 5.

[5] *OEuvres de d'Aguesseau*, Paris, 1776, t. IX, p. 557, lettre 289. Cf. *ib.*, p. 361, lettre 290, où il commence par dire que la tradition est exigée dans les pays qui suivent la maxime *donner et retenir ne vaut* et en explique ensuite « le véritable sens » de la manière qu'on va voir.

taire quand il le jugera à propos, et, en ce sens, la maxime est en quelque manière de droit naturel. »

Non-seulement, dans la science et dans la législation, la maxime *donner et retenir ne vaut* en était venue à se confondre presque entièrement avec le principe que les donations entre-vifs sont essentiellement irrévocables, mais encore les conséquences de ce principe avaient été de plus en plus déduites avec précision, soutenues avec fermeté. Plusieurs coutumes [1] annulaient expressément la donation faite à la charge par le donataire de payer les dettes que le donateur laisserait à son décès. La coutume de Paris ne faisait pas mention de cette clause. Charondas le Caron soutenait à la fin du XVIe siècle, qu'une telle donation était valable, et il pouvait s'appuyer d'un arrêt, rendu le 18 janvier 1596 [2]. Ricard [3], Ferrière [4], Godefroy [5] enseignent sans hésiter l'opinion contraire. Le premier reconnaît que des arrêts ont admis la validité d'une donation ainsi faite, mais il nie qu'on ait allégué une raison considérable en ce sens. L'article 16 de l'ordonnance de 1731 leur donne raison.

Dumoulin considérait comme prohibée la donation faite à la charge par le donataire d'accomplir le testament du donateur [6]. Cependant Le Caron enseignait qu'elle était permise et citait trois arrêts à l'appui de son opinion [7]. Les auteurs qui rapportaient des décisions de ce genre ne se dissimulaient pas tous qu'elles étaient en contradiction avec l'esprit de la coutume : « Bien que par la coutume de Paris, disait Guenois [8], soit expliqué qu'est-ce que donner et retenir. » Godefroy déclarait la donation nulle dans cette hypothèse comme dans la première [9]. Ricard cherchait à tout concilier ; il acceptait la validité de la donation, mais avec une réserve qu'il empruntait à la sub-

[1] Bourbonnais, art. 212; Nivernois, ch. XXVII, art. 3; Auvergne, ch. XIV, art. 10.

[2] *Mémorables observations du droit françois*, v° Donation.

[3] *Loc. cit.*, n° 1027.

[4] Sur l'article 274, n° 17.

[5] Sur l'article 444 de la coutume de Normandie.

[6] Sur l'article 160 de l'ancienne coutume de Paris.

[7] *Loc. cit.* Chopin, *Sur la coutume d'Anjou*, liv. III, p. 122, n° 12, en cite un quatrième.

[8] Sur Imbert, *Enchiridion*, v° *Donner et retenir ne vaut*.

[9] *Loc. cit.*

stitution *ejus quod supererit*: la faculté de disposer que gardait le donation, comme celle qui était reconnue au grevé, ne pouvait s'exercer que *arbitrio boni viri*[1]. Ainsi Coquille justifiait la coutume d'Auvergne qui permettait d'insérer dans une donation la charge de payer les legs et funérailles (ch. XIV, art. 21), en représentant que cette coutume avait elle-même limité au quart des biens la faculté de disposer par testament[2]. La décision de Ricard et l'explication de Coquille reposent sur cette idée que le donateur peut se réserver la disposition d'une quotité limitée ou facile à limiter dans ses biens. Une telle idée peut s'accorder avec le principe de l'irrévocabilité : autrement elle n'aurait pas été consacrée par la coutume d'Auvergne, celle qui avait le plus anciennement admis et le plus complétement énuméré les suites de ce principe[3]. Dumoulin lui-même permettait au donateur de se réserver la faculté de léguer à l'Église, parce qu'il y avait lieu d'apprécier l'importance des legs selon la coutume du pays, la quotité et la dignité de celui qui les faisait[4]. Remarquons toutefois que la réserve dont parlent ces auteurs ne semble pas avoir eu pour effet, comme celle qui portait sur un objet certain ou sur une quotité déterminée, de diminuer l'étendue de la donation, même au cas où le donateur n'aurait pas usé de son droit, d'attribuer aux héritiers de celui-ci la quotité dont il aurait pu et n'aurait pas voulu disposer.

Enfin Charondas admettait encore, malgré l'autorité de Masuer, la validité d'une donation, où le donateur s'était réservé le pouvoir de vendre la chose donnée en cas de *nécessité* ou autrement, « si le donataire demeurait en possession et n'avait été ladite clause exécutée[5]. » Buridan acceptait cette décision pour la réserve restreinte au cas de nécessité; il y voyait une clause conditionnelle[6]. La Thaumassière, sans rapporter la même restriction, exprimait un simple doute : « Cette donation serait sujette à débat, comme contenant une clause

---

[1] *Loc. cit.*, n° 1032.

[2] *Institution au droit françois : des donations.*

[3] V. ch. XIV, art. 22 et 23, d'après lesquels semble rédigé l'article 916 du Code Napoléon. — Cette coutume est de 1510.

[4] Cons. 160, n° 18.

[5] Sur les articles 273-275 de la coutume de Paris.

[6] Sur l'article 229 de la coutume de Reims, n° 2.

contraire à la nature de la donation qui doit être irrévocable[1]. » Tout le monde finit par reconnaître qu'en effet une telle convention viole le principe de l'irrévocabilité et le texte même des coutumes[2].

Ainsi, dans le même temps où des tempéraments sont apportés à la nécessité de la tradition, l'irrévocabilité est maintenue avec plus de rigueur, les moyens d'y porter atteinte sont poursuivis avec plus de vigilance.

Sans doute ce progrès, ce développement dans l'interprétation et dans l'application du principe de l'irrévocabilité ne suffisent pas pour prouver que ce principe même se soit introduit après la nécessité de la tradition. Les mêmes destinées n'attendent pas tous ceux qui sont nés le même jour. Il arrive souvent que de deux institutions, de deux lois établies en même temps, l'une s'affermit, prend de l'extension, pendant que l'autre s'affaiblit et tend à disparaître. Ce que nous pouvons affirmer dès à présent, c'est que, au moment de la rédaction des coutumes et dans les temps qui l'ont suivie, le principe de l'irrévocabilité n'a pas été universellement admis ou du moins entendu comme il devait l'être à la fin du XVIIe siècle et dans le XVIIIe, notamment par les rédacteurs de l'ordonnance. En outre, il faut penser que nous trouvons chez Ricard, chez Pothier, deux principes différents exprimés par une seule phrase à double sens. L'une des significations a eu besoin d'un long temps pour se faire comprendre ; il est peut-être permis d'en conclure qu'à l'origine on n'avait pas songé à l'attacher aux termes dont on s'était servi.

Nous avons fait observer qu'un certain nombre de coutumes avaient été rédigées deux fois et qu'il en était dont la seconde rédaction contenait seule le principe de l'irrévocabilité : nous avons cité celles de Sens, d'Auxerre, d'Orléans, de Paris. Une telle addition est digne de remarque. Indique-t-elle un changement complet, une innovation ? Nous ne voulons pas le soutenir. En premier lieu, certaines coutumes, rédigées au commencement du XVIe siècle, faisaient une mention expresse de l'irrévocabilité et la rattachaient déjà à la règle *donner et retenir ne vaut* : on peut croire que les

---

[1] *Loc. cit.*, sur la coutume de Berry.
[2] Pothier, *Traité des donations entre-vifs*, sect. II, art. II, § 3.

autres l'admettaient par sous-entendu, en se bornant à énoncer la règle. En second lieu, Dumoulin ne semble pas demander une réforme sur ce point; il dit : « Donationis ad nutum eversionem jura *sustulerunt*[1]. » Il est vrai que c'est lui qui dégage d'une phrase obscure un sens clair et déterminé, qui peut-être généralise un principe parce qu'il croit le trouver établi partout, qui en montre avec précision les conséquences et forme avec des règles dispersées dans diverses coutumes comme avec ses propres déductions un droit commun du royaume. On sait quelle a été son influence sur la deuxième rédaction de la coutume de Paris. C'est à lui qu'on peut attribuer le changement dont nous nous occupons. Sans prétendre que l'irrévocabilité était inconnue avant 1580, il faut reconnaître que, soit par l'effet des habitudes prises, soit sous l'empire de la science, l'importance s'en fit mieux comprendre dans les soixante-dix ans qui séparèrent les deux rédactions. Le principe ne devait pas tenir une aussi grande place dans la pratique lorsqu'on ne songeait pas à l'énoncer.

Nous avons remarqué aussi que la plupart des coutumes, après avoir posé la règle *donner et retenir ne vaut*, en donnent une seule application, la nécessité de la tradition. Il est vrai que, dans le dernier état du droit coutumier, l'irrévocabilité n'en est pas moins acceptée par ceux qu'elles régissent : un droit commun s'est formé. Mais pour connaître le véritable et antique esprit des coutumes, il ne faut point le chercher dans un droit commun produit par les efforts de la science, qui tend à établir l'unité de législation, et par l'imitation d'une coutume dominante. Ce qu'il y a de plus sûr, c'est encore d'en prendre les textes. Ceux qui les ont écrits ont sans doute voulu comprendre dans leur travail tous les usages de quelque importance. La science, le droit commun comblent ou corrigent. Mais le silence gardé par la plupart des coutumes sur un principe tel que celui de l'irrévocabilité montre qu'elles ne l'avaient pas encore admis, lorsqu'elles ont été rédigées.

Avant le XVIe siècle et la rédaction des coutumes, quelques ouvrages avaient été composés, qu'il faut toujours consulter quand on étudie l'histoire de notre ancien droit. Ce que nous

---

[1] Sur l'article 160, *loc. cit.*

y trouverons spécialement indiqué, c'est la nécessité de la tradition.

Le *grand coutumier de Charles VI* porte : « *Nota* qu'il a été tenu en tourbe que, si aucun homme *donne* ou *vend* aucune chose réelle à un autre, *sans soi dessaisir* par l'usage et coutume de la cour laye, si celui qui a *vendu* ou *donné* jouit toujours de l'héritage, après sa mort, la saisine va à ses héritiers. Mais si celui à qui on a *donné* ou *vendu* appréhende la saisine de fait, et jouit par an et jour, la saisine ne va aux hoirs parce qu'il n'en est pas mort saisi et vêtu, si ce n'était fief ; car, en fief, personne ne peut acquérir saisine sans foi [1]. » Ce passage, il est vrai, est plutôt relatif aux mutations de propriété en général qu'à la donation en particulier ; mais la vente, à la différence de la donation, donnait une action et cette action pouvait s'exercer contre les héritiers du propriétaire. L'acheteur n'était donc pas aussi intéressé que le donataire à être saisi.

Les *Coutumes notoires jugées au Châtelet de Paris* s'expriment de même, à propos de la seule donation : « Une chacune raisonnable, franche personne peut, à son vivant et par manière de don, cession ou donation faite entre vifs *irrévocable*, ordonner et disposer de son propre héritage, et par conséquent de ses meubles et conquêts, à sa pleine volonté, *et s'en dessaisir et dévêtir au profit du donataire en son vivant* [2]. » Que le mot *irrévocable* ne nous abuse point ; nous verrons bientôt ce qu'il en faut penser. L'idée essentielle pour nous est dans la dernière partie de la phrase.

Enfin, les coutumes de Champagne, rédigées en 1224 par l'ordre de Thibaut, exigent non-seulement que l'homme ou la femme qui donne à un autre une maison ou autre héritage, « s'en devestent par justice et l'en revestent par justice, » mais encore « qu'ils li quittent et li donnent quanques il i ont, et toutes voies li devesteres retient et en demeure saisis, sans ce qu'il en paie loier, ne nulle redevance à celui à qui aura fait li don, li don ne vaudra rien contre loir dou mort, pourceque par droit commun et par coutume de Champagne, *donner*

---

[1] Liv. II, c. 28.
[2] N° 113.

et retenirs ne vaut riens [1]. » Voilà l'expression même qui est passée dans la rédaction des coutumes; voilà la règle entendue comme imposant la nécessité de la tradition.

Le droit de l'époque féodale est contenu en grande partie dans des ouvrages qui n'ont pas été composés pour la France et qui cependant reproduisent beaucoup d'usages français, dans les coutumiers anglo-normands et dans les *Assises de Jérusalem.*

Les premiers sont unanimes pour exiger la tradition; Glanville nous dit : « Si donationem talem nulla secuta fuerit seisina, nihil *post mortem donatoris* ex tali donatione contra voluntatem heredis efficaciter peti potest, quia id intelligitur secundum consuetam regni interpretationem *potius esse nuda promissio* quam aliqua vera promissio vel donatio [2]. »

Bracton pose le principe que la donation n'est point parfaite tant que le donataire n'a point reçu la pleine possession ou la saisine; il en donne cette raison : « Quia traditionibus et usucapionibus possessiones et rerum dominia transferuntur [3]. » Dans le chapitre suivant, il déclare qu'il ne suffit ni de l'hommage prêté, ni de la confection d'une charte, ni d'une tradition imaginaire qui aurait lieu quand le donateur abandonnerait le *corpus* et retiendrait l'*animus.* Il faut un ensaisinement public du donataire; ensuite, le donateur délaisse complétement *animo et corpore*, et le délaissement n'est pas complet si tous les siens n'ont, comme lui, quitté l'héritage; enfin le donataire prend possession *animo et corpore* [4]. Un peu plus loin, Bracton nous dit : « Potest donator ante traditionem mutare voluntatem, quum imperfecta sit donatio, et possessionem retinere corpore et animo [5]. » *Nuda promissio*, dit Glanville; *imperfecta donatio*, dit Bracton; le donateur est libre de revenir sur sa donation tant qu'il n'a pas livré, il ne saurait être contraint à livrer. Nous trouvons dans ces passages la confirmation de l'idée que nous avons signalée chez les écrivains du XVI⁰ siè-

---

[1] Art. 44.

[2] Lib. VII, c. 1. Cf. *Regiam majestatem*, lib. II, c. 18, nᵒˢ 3-6.

[3] Lib. II, c. 17, fol. 38. — Cf. c. 5, nᵒ 3, fol. 11. La donation dont l'acte est dressé et pour laquelle l'hommage a été rendu est *incepta et non perfecta.*

[4] *Ib.*, c. 18, nᵒ 1, fol. 39.

[5] *Ib.*, nᵒ 2, fol. 40.

cle, qui a presque entièrement disparu chez ceux du XVIIIe, l'un des effets de la règle *Donner et retenir ne vaut* est que le donataire n'a pas d'action contre le donateur pour se faire délivrer la chose donnée.

Britton, qui écrit sous Henri III, un peu après Glanville et Bracton, répète ce qu'ils ont dit : « Pur ceo que le graunter (don) ne le otreyer (concession) del donour ne suffist mie generaulment as purchaceours, si la possession ne sue,... » et il explique en détail comment doit être fait le délaissement de l'immeuble par le donateur : « En primes convendra al donour remuer totes ses choses moebles qe il ad en le tenement, et femme et enfantz et sa meyné (famille) tote, si que il ne eit rien, qe le soen soit, qe il ne eit remué ou vendu ou lessé à part, issi qe nule presumpcioun pusse estre qe le donour voille rien retener; car taunt come il ad volunté de retener, ne crest james fraunc tenement al purchaceour[1]. »

Les passages de Bracton et de Britton nous font faire deux observations : en premier lieu, la longueur des développements qu'ils consacrent l'un et l'autre à la transmission de la possession montre quelles étaient et l'importance et les difficultés de la matière, spécialement quelle méfiance inspiraient les donateurs, combien on craignait qu'ils ne se réservassent la possession en paraissant l'abandonner; en second lieu, les jurisconsultes semblent attacher moins d'importance à l'abandon du *corpus* qu'à celui de l'*animus;* il ne faut pas qu'un donateur se serve du plus léger indice, d'un serviteur ou d'un meuble laissé sur l'héritage pour soutenir qu'il a retenu la possession *animo*, que la donation est imparfaite, nulle, et qu'il peut reprendre la chose.

Le même principe est contenu dans les *Assises de Jérusalem*, où il reçoit du reste d'autres développements. Il est reconnu par la Haute-Cour et par la Cour des bourgeois. Jean d'Ibelin suppose qu'un homme donne à un autre « tels ou tels cazaus (métairies) » ou « tant de casaux assenés eu tel leu (rente foncière inféodée). » Le donataire a beau être ensaisiné et prêter son hommage, s'il n'a la tenure de la métairie, soit parce que le seigneur ne la lui remet pas, soit parce qu'elle est au pou-

---

[1] Liv. II, ch. IX, *De Seisines*, n° 1 et 3, t. I, p. 258 et 259, ed. by Francis Morgan Nichols, Oxford, 1865.

voir des Sarrasins, s'il n'est pas en possession du fief de be-
sans, soit parce qu'il n'en a pas touché « un terme ou plus »
depuis l'assènement, soit parce que les Sarrasins sont maîtres
du lieu sur lequel la rente est inféodée, une fois le donateur
mort, « le don qu'il en aura fait en dit ne sera valable ne es-
table, parce que ce n'aura esté que proumece ; car le don
n'aura esté que en dit et non en fait ; que le don n'est pas
parfait qui n'est en fait que en dit sans fait [1]. » Ainsi l'ensaisinement féodal ne suffit point sans la tradition ; le don n'aura
été que promesse, *nuda promissio*, comme disait Glanville.

Le *Livre des assises de la Cour des bourgeois*, antérieur à
tous les ouvrages français ou allemands, écrit plus d'un siècle
avant celui de Beaumanoir [2], n'est pas moins explicite. Le
principe est énoncé jusqu'à quatre fois dans le même chapitre [3] : « Don ne vaut sans la saisine de la chose. ».

A quoi sert de démontrer que la tradition a été de tout
temps exigée par le droit coutumier, ce qui n'est pas mis en
doute ? S'ensuit-il qu'il ait jamais permis des donations révocables ? Non. Mais si les mêmes ouvrages, où nous trouvons
indiquée et développée avec insistance la nécessité de la tradition, sont muets sur l'interdiction de faire des donations
directement ou indirectement révocables, ce silence nous per-
mettra de supposer que, au moment où ils furent écrits, une
telle interdiction n'existait pas encore ; qu'à l'origine de notre
ancien droit l'une des deux applications de la règle *Donner et
retenir ne vaut* était inconnue.

Nous avons déjà rencontré la mention de l'irrévocabilité
dans les *Coutumes notoires*. Bouteiller dit aussi : « Tels dons
qui se font entre le : vifs ne se peuvent rappeler selon les
coutumes [4], » et Beaumanoir : « Il y a différence entre les dons
qui sont fet en testament et cix qui sont fet hors de testament,
car il est clero coze que tout che qui est promis en testament,
soient don ou aumosnes ou restitutions, poent estre rapelées

---

[1] Ch. 111. — Cf. *La clef des assises de la Haute-Cour du royaume de Jérusalem et de Chypre*, n° 101 : « Nul don n'est parfait qui est fait en dit
sans estre parfait. »

[2] *Introduction aux Assises de la cour des bourgeois*, par M. le comte
Beugnot, p. XXXVII.

[3] Ch. 214.

[4] *Somme rurale*, tit. XLV, *de Donations*.

par celi qui fist le testament ou apeticié ou creues à se vo-
lenté, tant comme il vit. Mais ce ne pot ou fere des dons que
on done ou promet hors du testament, car il les convient a
emplir[1]. »

Il faut bien comprendre les passages que nous venons de
citer. La donation y est déclarée irrévocable, mais on la suppose pure et simple, une fois faite et exécutée. Les jurisconsultes montrent en quoi elle diffère du legs. Ils ne songent pas
aux clauses qui en modifieraient le caractère ordinaire, qui
permettraient au donateur de la détruire ou de la restreindre.

Aussi indiquent-ils les causes déterminées pour lesquelles
la révocation peut avoir lieu : « Selon la loi (les dons entre-
vifs), bien se peuvent en aucunes manières rappeler, si comme
après le don fait celuy à qui le don scroit donné fit au donneur mortel ennuy, si comme de pourchasser sa mort, de lui
ferir, de lui accuser ou famer de reproches vilaines ou de dif-
fame, etc. (*Inst. eod. tit.*, *De donat.*, § *Sciendum tamen*)[2]. »
Le dernier chapitre de Beaumanoir « parole des dons outra-
geus qui, par reson, ne doivent pas estre tenu ; et de cix qui
sont à tenir, c'on ne pot ne doit por nule raison débatre[3]. »
L'auteur répète : « Selonc nostre coutume, tout li don qui sunt
fet, entre vives personnes, par cause de bonne foi, sunt à
tenir, sauf le droit de son segneur de qui li heritage sunt
tenu » (de critiquer un don excessif). Les dons qu'il ne faut
pas « tenir » sont ceux qui se trouvent contraires aux lois de
Dieu, aux coutumes[4], qui sont faits sous l'empire de l'ivresse,
de la folie ou de la peur[5]. Beaumanoir admet la révocation
pour inexécution des conditions, mais avec de grandes réserves[6].

---

[1] *Les coutumes du Beauvoisis*, ch. XII, *des Testaments*, n° 39. — Cf. le
Livre des droix et des commandemens d'office de justice, publié par
M. Beautemps-Beaupré, Paris, 1865, sur un manuscrit de 1421; cet ouvrage, d'après l'éditeur, donne et fait connaître la jurisprudence de la seconde moitié du XIV° siècle dans l'Anjou et surtout dans le Poitou. N° 419 :
« Il est difference entre donacion faicte entre vis d'une chose, et laisse
faicte au testament d'aucune chose. »

[2] Bouteiller, *loc. cit.* — Cf. le *Livre des droix*, n° 197.

[3] Ch. LXX.

[4] *Ib.*, n° 4.

[5] Ch. VI, n° 21; ch. XXXIV, n° 30-33.

[6] Ch. LXX, n° 13.

Beaumanoir et ceux qui ont écrit après lui, en refusant, d'après la coutume, au donateur la faculté de révoquer à son gré, appliquent ce principe que les parties contractantes sont liées par toute convention valablement faite : « Toutes convenences sont à tenir, dit le premier [1], et por ce dit-on : *Convenence loi vaint*. » Ce principe n'est plus en question, lorsque la convention elle-même réserve au donateur le pouvoir de retirer la donation [2].

Aussi cette révocation pour inexécution des charges, que dans le silence des parties, Beaumanoir repousse d'abord, qu'il admet ensuite, mais comme un remède extrême et avec une grande répugnance, ne souffre-t-elle aucune difficulté lorsqu'elle est expressément ordonnée par la convention : « Quand aucune possession, dit le *Livre des Droiz* [3], est donnée à l'Eglise par condicion, le don ne peut pas après ce estre rappelé, s'il n'a par aventure esté donné par *telle condicion* qu'il doye rappelle si la condicion cesse. »

L'irrévocabilité est aussi reconnue dans les termes les plus énergiques par les coutumiers anglo-normands surtout par Bracton [4] et par Britton [5]. Mais aucun d'eux ne se demarde

---

[1] Ch. XXXIV, n° 2.

[2] Brodeau a commis une erreur complète quand il a cité les articles 273 et 274 de la coutume de Paris en marge de cette décision de Jean des Mares : « Donation faite à aucun donataire par fiction, dol, barat ou mauvaistié peut être rappelée (n° 141). »

[3] N° 221.

[4] Lib. II, c. V, n° 2, fol. 11 : « Est dare rem accipientis facere cum effectu, alloquin inutilis erit donatio, quæ irritari poterit et revocari. » Cette définition est reproduite dans la *Fleta*, lib. III, c. III, n° 2. Il semble au premier abord que le jurisconsulte déclare nulle la donation qui peut être révoquée. Mais dans la dernière partie de la phrase, il développe les mots *cum effectu*. Il prend comme exemple d'une donation inutile celle de la chose d'autrui, qui, n'investissant pas le donataire de la propriété, ne produit pas d'*effet* : « Et ea a vero domino poterit *revocari*. »

[5] Liv. II, ch. III, n° 1 : « Doun est institucioun de acune chose qe de fraunche volunté est translaté de verrey possessour à autre persone, oveke entere volunté qe la chose mes ne retourne al donour, et oveke entere volunté del recevour de retenir la chose enterement cum sue propre saunfs rendre la al donour. Car autrement ne poit doun estre fet proprément, si la chose doné ne soit al recevour, issi qe les deus dreits de propreté et de possessour se joynent en sa persone, issi qe le doun ne peut estre repelé par le donour, ne destruit par autre en qi persone soit remise la dreite propreté. »

s'il est permis d'y déroger par une convention spéciale, excepté pour le cas où, une donation étant faite *sub modo*, le donataire n'exécuterait pas son obligation[1]. Un grand nombre de conditions sont indiquées par les jurisconsultes ; ils gardent le silence au sujet de celles qui feraient dépendre du donateur le maintien des donations.

Enfin les *assises de Jérusalem* confirment la doctrine commune de l'Europe, comme les vieux auteurs de France ou d'Angleterre, et déclarent la donation irrévocable. Jean d'Ibelin, après avoir dit que chacun peut donner ajoute : « Et chose que il en face (de ses biens), ces heirs ne pevent ni ne deivent rapeler ni desfaire, par raison l'assise ne l'usage dou dit reïaume[2]. » Ainsi s'exprime le jurisconsulte de la Haute-Cour. Sans porter atteinte au principe que la donation pure et simple est irrévocable, l'*abrégé du livre des assises de la cour des Bourgeois* permet aux parties de convenir que la donation sera révocable au gré du donateur : « Une autre manière de dons, laquel choze a esté faite et ce peut faire, c'est assaver : celui qui donne son héritage le peut doner à son rapeau. Rapiau vaut tant à dire que le don que il a fait, il le peut rapeler et recovrer celui heritage toutes fois que il vodra et par la court. Et doit dire enci : — Je done mon heritage à teil à mon rapiau, par enci que toutes les fois que il me plaira, je le puisse rapeler le dón que je li fais doudit heritage. — Et sachés que ceste manière de don si vaut tant come celi qi li aura doné le rapele. » Si le *rapeau* n'est pas exercé avant la mort du donateur, il passe à ses enfants légitimes, mais à eux seuls. Il peut avoir lieu après la mort du donataire, mais seulement dans l'an et jour[3].

[1] Bracton, lib. II, c. VI, n° 2, fol. 19. — Fleta, lib. III, c. III, n° 4 : « Alia sub modo, conditione vel ob causam, in quibus casibus non proprie fit donatio, quum donator id ad se reverti velet, sed quædam potius feodalis dimissio. »

[2] Ch. 141.

[3] 1re partie, ch. 35. M. Beugnot dit, en note de ce chapitre (t. II, p. 267, note u) : « Les donations révocables, c'est-à-dire, celles que le donateur se réserve la faculté de pouvoir directement ou indirectement révoquer et rendre nulles, étaient repoussées par le droit commun de l'Europe. » Et il cite Bracton, Glanville, les articles 273 et 274 de la coutume de Paris, le grand coutumier de France ; mais il n'y a que la coutume de Paris qui, dans les articles cités, ait prévu la clause de révocabilité, et elle est de plusieurs siècles postérieure, même à l'*Abrégé*.

Ainsi, à l'époque féodale, tous les écrivains constatent que la donation entre-vifs, faite purement et simplement, est irrévocable; chez aucun d'eux cette irrévocabilité n'est représentée comme si essentielle qu'il ne soit pas permis d'y déroger; ils ne s'expliquent pas, en général, sur les clauses qui laisseraient la donation à la disposition du donateur; le seul qui en prévoie expressément une, la plus claire de toutes, la déclare valable.

Il est donc permis d'assurer que les deux applications faites de la règle *donner et retenir ne vaut* par le droit français des derniers siècles n'ont pas une origine également ancienne. La tradition a toujours été exigée; les clauses dérogeant à l'irrévocabilité n'ont pas toujours été interdites, au moins formellement.

II.

11. Comment s'explique l'établissement de la maxime : *Donner et retenir ne vaut*, dans notre ancien Droit ?

Elle sert à exprimer deux règles très-différentes. La même explication conviendra-t-elle à l'une et à l'autre? Nos anciens auteurs ont été souvent induits en erreur par cette réunion bizarre de deux règles distinctes en un même brocard. De là des explications ou insuffisantes, si elles s'appliquaient à une seule, ou confuses, si elles s'appliquaient à toutes deux distinctement. Nous ne parlons pas de celles qui n'étaient point sérieuses [1].

12. Ferrière justifie de la manière suivante la défense de déroger au principe de l'irrévocabilité : « Que si on avoit permis aux particuliers de faire donation de leurs biens et de retenir la faculté d'en pouvoir disposer, on auroit ouvert un moyen facile de frustrer ses héritiers par des donations dé-

---

[1] Coquille : « Toutes les coutumes de France disent pour règle que *donner et retenir ne vaut*. Ce qui procède, comme il est vraisemblable, du naturel des vrais François, qui est de faire franchement et à cœur ouvert, sans retenir à couvert » (*Institution au droit françois, des Donations*), et : « Nos prédécesseurs François, francs et libres, ont dédaigné toute fiction et simulations, et à cette occasion ont réprouvé l'artifice et finesse de ceux qui feignent de donner, et retiennent le pouvoir de révoquer et ne donnent pas tout à fait. » (*Coutume de Nivernois*, ch. XXVII, art. 1 et 2.) Voir comment M. Demolombe réfute le premier de ces passages. (*Traité des donations entre-vifs*, t. I, n° 25.)

clarées entre-vifs, sans que les donateurs en reçussent aucune incommodité et sans rien diminuer des droits qu'avoient avant les donations et sans se dépouiller eux-mêmes des choses données, contre la nature et la substance des donations qu'ils feroient et dans le dessein seulement de frustrer leurs héritiers de leurs biens; car, comme il est permis de disposer de tous ses biens par donations entre-vifs, sans distinction de propres et d'acquêts, et que la faculté de disposer des biens par dernière volonté est restreinte et bornée par toutes nos coutumes, quand on voudroit dépouiller ses héritiers de tous ses biens, on choisiroit cette voie, par laquelle on éluderoit la disposition de la coutume faite en faveur des héritiers.— C'est pour cette raison que nos coutumes y ont pourvu, dont la plupart permettent de disposer de tous ses biens par donation entre-vifs, mais elles ont voulu que les donateurs se dépouillassent eux-mêmes par icelles de la propriété des choses données, pour ôter aux héritiers toute occasion de se plaindre [1]. » En effet, on sait que, d'après la coutume de Paris, une personne pouvait donner la totalité de ses propres entre-vifs et seulement le quart par testament.

« Nous voici cette fois dans le vrai, » dit M. Demolombe, après avoir cité un passage d'Argou, contenant l'expression de la même idée [2].

Cette explication ne convient, en réalité, qu'à l'une des deux règles, et, par conséquent, elle ne suffit pas pour la maxime : *Donner et retenir ne vaut*. Elle nous fait comprendre pourquoi il n'est pas permis au donateur de se réserver la disposition de la chose donnée, non pourquoi la tradition était exigée du vivant du donateur, à peine de nullité. Du temps de Ferrière, il était généralement admis qu'une action était accordée au donataire contre le donateur vivant pour se faire

---

[1] Ferrière, sur l'article 273, n° 8. Cf. Domat, *loc. cit.*

[2] L'illustre professeur ne rejette pas d'autres motifs, à savoir, que les législateurs étaient disposés à restreindre la faculté de tester, considérée comme de droit civil, non celle de donner, considérée comme de droit naturel, qu'ils cherchaient à retenir le donateur en le forçant à se dépouiller lui-même : « Mais, comme on le voit, dit-il, ce n'était pas son intérêt privé, à lui, que les coutumes se proposaient de protéger ; c'était un intérêt plus général et plus élevé, l'intérêt de la conservation des biens dans la famille. » V. plus bas, n° 14.

faire la délivrance; celui-ci ne restait donc pas maître de la donation; cependant, après sa mort, elle était non avenue. Nous avons pensé que, dans un temps plus ancien, le donataire ne pouvait pas agir : le donateur alors demeurait entièrement libre d'exécuter ou d'abandonner son intention généreuse; la règle : *Donner et retenir ne vaut*, ainsi entendue, ne devait-elle pas préjudicier aux héritiers qu'il était facile de dépouiller, sans s'être jamais dépouillé soi-même, en confirmant, par une délivrance tardive, une donation antérieure, dépourvue à l'origine de force obligatoire?

Que penser de l'explication restreinte, comme elle doit l'être, à l'irrévocabilité? Il est remarquable qu'elle n'ait pas été adoptée par nos anciens auteurs, même par ceux qui sont venus après Ferrière, notamment par Pothier. Ils l'ont connue, ils ont dû la trouver claire; sans doute, ils ne l'ont pas trouvée satisfaisante.

A priori, on reconnaît qu'elle suppose une combinaison ingénieuse, imaginée par un législateur prévoyant, pour empêcher que la loi ne soit éludée. Mais cette ingénieuse prévoyance peut-elle être attribuée à des coutumes?

Nous avons à faire une épreuve instructive. Les coutumes qui contiennent la règle *donner et retenir ne vaut* sont-elles les mêmes qui donnent toute liberté au donateur, en restreignant la faculté de disposer par testament? Celles où la règle est omise sont-elles aussi celles où aucune différence n'existe entre le testament et la donation, en ce qui touche la quotité disponible?

Au premier abord, l'épreuve paraît favorable au système que nous combattons. Ainsi dans les coutumes de Touraine, d'Anjou, du Maine, la faculté de disposer n'est pas plus sévèrement restreinte, entre les mains des testateurs qu'entre celles du donateur, et ces coutumes gardent le silence sur la règle *donner et retenir ne vaut*[1]. Il en est de même dans la coutume réformée

---

[1] On peut même dire qu'elles l'excluent. « Le donataire doit avoir possession de la chose à lui donnée par la main de l'héritier, si le donneur ne lui en a baillé à sa vie la possession. » (Coutume de Touraine, art. 240.) — « Tout donataire et légataire doit être saisi par les mains de l'héritier du donneur, sinon que le donneur lui en ait baillé la possession sa vie durant et en pleine santé. » (Coutume d'Anjou, art. 311.) La coutume du Maine s'exprime dans les mêmes termes (art. 353).

de Bourgogne. A l'inverse, un très-grand nombre de coutumes suivent l'exemple de celle de Paris ; elles posent ce principe que la donation entre-vifs est essentiellement irrévocable, et, d'un autre côté, elles limitent le droit de tester, sans avoir limité celui de donner, ou tout au moins elles renferment le premier dans des bornes plus étroites que le second.

Mais, dans ces coutumes de Touraine, d'Anjou, où la quotité disponible était toujours la même, quel que fût le mode de disposition, la règle *donner et retenir ne vaut* avait été admise, malgré le silence ou même les dispositions contraires des textes. Au XVIIe siècle, un commentateur de la coutume de Touraine disait que l'article 240 était mal conçu : « La première disposition s'entend de la donation testamentaire, que le légataire doit avoir par la main de l'héritier et le reste est pour la donation entre-vifs, en laquelle la tradition réelle ou feinte sont nécessaires, avec acceptation, excepté en la donation mutuelle [1]. » Plus anciennement encore Chopin s'exprimait ainsi, en commentant la coutume d'Anjou : « Il est notoire que la donation et rétention des choses données (*donner et retenir*) ne vaut par nos coutumes [2]. » Quant à la coutume de Bourgogne, la première rédaction (ch. VII, art. 5) limitait la faculté de tester aux deux tiers de la fortune, en laissant chacun libre de donner entre-vifs, et cependant elle n'avait pas rendu l'irrévocabilité essentielle aux donations entre-vifs.

On comprendrait que les commentateurs eussent subi l'influence du droit commun et admis une règle dont l'application ne se justifiait pas. Mais cette règle avait été posée expressément par un certain nombre de coutumes, qui laissaient une égale liberté au testateur et au donateur, comme la coutume

[1] Pallu, sur l'article 240 de la coutume de Touraine. — On ne comprend pas que Coquille cite encore et avec un étonnement qui ressemble à du scandale la coutume de Touraine comme ayant écarté la règle *donner et retenir ne vaut*. (Sur la coutume de Nivernois, ch. XXVII, art. 1 et 2.)

[2] Sur la coutume d'Anjou, liv. II, ch. II, tit. IV, *in fine*. — Ed. 1661. L'éditeur se vante de donner une traduction plus soignée que celle de 1634. — Pocquet de Livonnière n'hésite pas à reproduire la même décision au commencement du XVIIIe siècle (*Coutumes des pays et duché d'Anjou*, 1725, sur l'article 311).

de Berry [1], ou qui imposaient à leurs libéralités la même limite [2], comme les coutumes de Montfort l'Amaury (art. 87, 88, 145), de Reims (art. 232 et 292), de Châlons (art. 63 et 70) [3].

La coutume de Lille restreignait beaucoup plus la faculté de tester que celle de donner : « Nos coutumes, dit Patou [4], n'ont permis de disposer par testament que de meubles et tels réputés, ne voulant point que les immeubles qui font presque toujours la portion la plus précieuse des biens qu'on possède, puissent être donnés autrement que par des donations entre-vifs et irrévocables, du moins en ligne collatérale ; et comme on n'aime guère à se lier ou à se dépouiller de ses principaux biens, le droit coutumier les a par ce moyen conservés aux familles et à ceux que la nature et le sang appellent aux successions. » Mais cette même coutume, qui attachait tant d'importance à l'irrévocabilité des donations entre-vifs, avait exclu par son silence et par sa pratique la règle *donner et retenir ne vaut :* « Rien n'empêchant ici, dit encore Patou [5], de donner entre-vifs et de retenir en même temps le domaine et la possession des choses données, pourvu que d'ailleurs la donation soit irrévocable, comme est celle des biens qu'on laissera à la mort. » Peut-être devons-nous citer la coutume d'Amiens, en même temps que celle de Lille. Elle reconnaissait (art. 46) toute liberté à la donation entre-vifs et ne permettait (art. 5) de donner par testament que le quart des propres. Cependant elle ne faisait pas mention de la règle *donner et retenir ne vaut* et plusieurs de ses commentateurs la passent sous silence. Seul, Ricard, dont le commentaire se réduit à des notes très-brèves, qui était d'ailleurs étranger à la coutume, interdit les conditions

[1] « La coutume de Berry ne distingue point les propres des autres biens, et ne restreint point, par rapport à aucuns biens, le pouvoir d'en disposer. » (Pothier, *Traité des donations testamentaires*, ch. IV, art. II.) V. tit. 7, art. 9, et tit. 18, art. 5.

[2] « Il y a quelques coutumes qui restreignent à une certaine quotité la faculté de disposer aussi bien entre-vifs que par testament. » Ricard, *loc. cit.*, 3e partie, ch. X, sect. 1, n° 1467.

[3] Il faut observer que les coutumes citées, à part celle de Reims, donnent expressément une seule application de la règle *donner et retenir ne vaut,* qu'elles exigent seulement la tradition.

[4] Sur les coutumes de la ville de Lille, tit. II, art. 1, gl. 1.

[5] *Ib.*, tit. V, art. 1, gl. II, n° 11.

testatives de la part du donateur, « qui ne peuvent pas com-
patir avec l'irrévocabilité, qui est une partie essentielle de la
donation [1]. »

Pour compléter l'épreuve, il faut rappeler que l'ordonnance
de 1731 imposa indistinctement à tout le royaume les conséquences de l'irrévocabilité; elle ne fit d'exception ni pour les
coutumes qui ne mettaient aucune différence entre la donation
et le testament, ni pour les pays de droit écrit, où n'existait
aussi qu'une seule légitime à invoquer contre ces deux actes.
Les rédacteurs ne pensaient certainement pas à prévenir dans
toute la France les fâcheux effets d'une différence de quotité
disponible qui n'existait peut-être que dans la moitié. Cette
partie de l'ordonnance, appliquée aux pays où cette différence
n'était pas admise, aurait été absurde. Il faut qu'une autre idée
ait présidé à la rédaction de l'ordonnance, que les rédacteurs
aient attribué un autre sens, une autre origine à la règle
donner et retenir ne vaut.

Bornons-nous à dire que la différence établie par un grand
nombre de coutumes entre la donation et le testament a donné
un intérêt considérable à la règle, quand s'est développée la
seconde application, la défense de déroger à l'irrévocabilité,
et qu'elle a pu faciliter ce développement.

13. Une deuxième explication paraît, au contraire, convenir exclusivement au principe qui exige la tradition. Ce
principe, selon Ricard [2], « fait comme le sceau et la vérifi-
cation de la donation, afin qu'il paraisse qu'elle a été faite
sincèrement et sans dissimulation. A quoi on peut ajouter
que cet établissement a aussi eu pour fondement le bien public et la sûreté du commerce, afin que la connaissance de la
possession des domaines ne demeure pas incertaine, et que
ceux qui viendront à contracter avec le donateur, ou même
ses héritiers, qui pourraient accepter la succession, ne voyant
aucun changement dans la possession de ce qui lui apparte-
nait, ne se persuadent pas avoir leur sûreté sur ce qui ne lui
appartient plus qu'en apparence [3]. »

---

[1] Sur l'article 46.
[2] *Loc. cit.*, n° 901.
[3] Cf. Ferrière, sur l'article 275, n° 5.

Voilà les « fraudes et clandestinités » que redoutent nos anciens jurisconsultes, et qu'ils croient prévenir en exigeant la tradition. Ils sont, du reste, forcés de reconnaître que l'introduction de la tradition feinte rend complétement illusoire la protection promise aux créanciers et aux héritiers du donateur [1]. Par là même ils semblent avouer qu'il n'y a plus, dans presque toutes les coutumes, de motif raisonnable à donner pour le maintien de la règle.

Toutes les coutumes, tous les jurisconsultes, font des exceptions à la règle, pour les donations mutuelles et pour les donations en faveur de mariage. Cette dernière nous frappe. « Comme la règle dont nous parlons, dit la Villette [2], n'a d'*autre motif* que d'empêcher les fraudes, il est certain qu'elle n'a pas lieu ès donations faites en faveur de mariage, non plus que... » Et pourquoi les fraudes qui sont à craindre dans les donations ordinaires ne peuvent-elles pas se présenter dans les donations en faveur de mariage? Les unes ne reçoivent pas une plus grande et plus sérieuse publicité que les autres. Ce que dit Ricard convient également aux unes et aux autres. Les fraudes, selon Buridan [3], « ne se peuvent facilement faire ès contrats de mariage, à cause de l'assistance de tous les parents des futurs conjoints auxquels le don se fait. » Cette assistance n'empêche ni le concert frauduleux entre le donateur et le donataire au moment de l'acte, ni surtout cette « clandestinité » qui résulte de ce qu'après l'acte le donateur reste en possession. Nous comprenons que la faveur due au mariage empêche de tenir compte de certains dangers; nous ne comprenons pas que le motif ou la forme de la libéralité les fasse disparaître. La vérité sur ce point est dans les lettres de d'Aguesseau. « Si, dans l'article 17 (de l'ordonnance), dit-il [4], le roi a autorisé les donations des biens présents et à venir, lorsqu'elles seraient faites en faveur de mariage, c'est, d'un côté, parce que cette faveur est si grande qu'elle l'emporte sur les règles les plus générales... »

---

[1] Ricard, *loc. cit.*, n° 902.
[2] Sur la coutume de Péronne, art. 109.
[3] Sur l'article 231 de la coutume de Reims, n° 3.
[4] Lettre 288, 19 mai 1731, au Parlement de Grenoble. — Cf. lettre 289, 22 mai 1731, au Parlement de Besançon.

Dumoulin, le premier auteur de l'explication que nous venons de reproduire, semblait la rapporter exclusivement au principe de l'irrévocabilité. Il s'exprimait ainsi : « *Donationis ad nutum eversionem* jura sustulerunt, *ut technis obstarent*, quod non obtinet si tabulis nuptialibus concipiatur [1]. » Ce n'était plus la même fraude, la même erreur, qui était à craindre. Dumoulin voulait sans doute protéger les créanciers du donataire, les tiers qui l'auraient pu croire propriétaire incommutable.

14. Un motif également particulier à la tradition a été donné par Godefroy, le commentateur du code Théodosien : « *Traditionis necessitas eo tantum fine in donationibus inducta fuit, ne improvida profusione quidam bonis suis evolverentur; neque enim melius ab hac inconsulta facilitate homines cohibeantur, quam si suas res corporaliter et revera a se ad alios migrare videant* [2]. » — « La nécessité du dessaisissement fait qu'on ne donne pas avec tant d'inconsidération, » dit Delalande [3].

Ricard justifie d'une manière analogue le principe de l'irrévocabilité, mais en faisant valoir un autre intérêt, celui de la famille : d'après lui, la loi a opposé aux particuliers « cette barrière, qu'il ne seroit pas en leur pouvoir de priver leurs héritiers de la propriété de leurs biens par cette voie, qu'en la quittant les premiers [4]. »

Pothier réunit les deux principes, et invoque, pour les expliquer, l'intérêt de la famille, comme avait fait Ricard [5] : « La raison pour laquelle notre droit a requis, pour la validité des donations, la nécessité de cette tradition, ainsi que celle de l'irrévocabilité, se fait assez apercevoir. L'esprit de notre droit français incline à ce que les biens demeurent dans les familles et passent aux héritiers.... Nos lois ont jugé à propos..., en conservant aux particuliers ce droit (de donner), de mettre un frein qui leur en rendît l'exercice plus difficile. C'est pour cela qu'elles ont ordonné qu'aucun ne pût valable-

---

[1] Ad l. 4, C. Theod., *De donationibus.*
[2] Sur l'article 160 de l'ancienne coutume de Paris.
[3] Delalande, sur l'article 283 de la coutume d'Orléans, n° 7.
[4] *Loc. cit.* — Cf. Laurière, sur Loisel, *Instit. cout.*, liv. IV, tit. IV, V.
[5] *Loc. cit.*, n° 900.

ment donner, qu'il ne se dessaisît, dès le temps de la donation, de la chose donnée, et qu'il ne se privât pour toujours
de la faculté d'en disposer, afin que l'attache naturelle qu'on
a à ce qu'on possède, et l'éloignement qu'on a pour le dépouillement détournât les particuliers de donner[1]. »

L'explication de Pothier est reproduite par Grenier[2], et
M. Demolombe l'admet également, mais en la complétant par
celle qu'il tire de la différence des deux quotités disponibles
et dont Pothier ne parle point[3].

Ce qui permet de la révoquer en doute, c'est d'abord qu'elle
a subi un double changement, avant d'arriver à nous par
l'intermédiaire de Pothier. Il serait bien étonnant qu'on eût
attendu jusqu'au XVIII° siècle pour connaître le vrai motif
d'une règle depuis si longtemps observée, qu'il nous fût ré-
vélé par Pothier, dont les recherches historiques étaient ordinairement peu profondes. On peut trouver après coup d'excel-
lentes raisons pour justifier un principe de droit comme un
acte de la vie; il ne s'ensuit pas qu'elles aient dirigé celui qui
a fait l'acte, inspiré celui qui a posé le principe. Au fond,
l'explication a-t-elle une grande valeur? Il n'est, en réalité,
rien de plus contraire à l'intérêt de la famille qu'une transmission de propriété sur laquelle il n'est pas permis au donateur de revenir. La passion d'un instant, bonne ou mau-
vaise, a pu être assez forte pour qu'il n'ait pas hésité à
se dépouiller à jamais; l'instant passé, les conséquences de
son acte demeurent irrévocables, au grand préjudice de sa
famille. Nous admettrions plus volontiers le motif emprunté
à l'intérêt du donateur, pour expliquer la nécessité de la tradition; il a le grand mérite de l'ancienneté. Mais pourquoi
protéger le donateur contre lui-même? Il faut être niais pour
ne pas comprendre qu'on se dépouille quand on fait une libéralité, et un si grand nombre de coutumes se seraient donné
le mot pour établir une règle en vue d'une simplicité excep-
tionnelle! D'un autre côté, que fait-on de la propriété, des
droits qu'elle confère? Pourquoi en gêner la transmission?

---

[1] *Traité des donations entre-vifs*, sect. II, art. II.
[2] *Traité des donations*, 3° édit., t. I. — *Discours historique sur l'ancienne
législation*, p. 11.
[3] *Loc. cit.*, n° 25.

Ajoutons qu'il ne fallait pas admettre la tradition feinte, spécialement par rétention d'usufruit, si l'on voulait qu'un changement se produisît dans la situation du donateur, assez notable pour lui faire comprendre toute l'importance de son acte, et que la rétention d'usufruit était depuis longtemps et presque partout regardée comme suffisante, quand Godefroy proclamait la nécessité d'un dessaisissement actuel de la part du donateur.

15. La vérité, selon nous, c'est que les coutumes et, après elles, les jurisconsultes se sont fait une théorie de la donation entre-vifs, qu'ils ont regardé comme essentiels et le dépouillement actuel et l'irrévocabilité : « Celle (la donation) entre-vifs, dit Le Caron[2], est la vraie et absolue, par laquelle le donateur donne en telle intention que la chose incontinent appartienne au donataire et qu'il ne la puisse aucunement reprendre. » Les deux idées sont réunies dans ce passage : elles sont distinguées dans les passages suivants, relatifs les uns à la nécessité de la tradition, les autres à l'irrévocabilité.

« La manière de donner plus convenable au droit est celle qui se fait par la tradition présente des choses. » Ainsi s'exprime Delalande[3]. Pothier nous dit : « La parfaite libéralité qui fait que le donateur préfère le donataire à lui-même pour la chose donnée est le caractère des donations entre-vifs ; or, c'est une suite de cette préférence que le donateur se dépouille au profit de son donataire. Ce dépouillement est donc de la nature des donations entre-vifs[4]. »

Nous avons des témoignages non moins positifs sur l'irrévocabilité : « Il s'ensuit de cette nature des donations entre-vifs, dit Domat[5], qu'étant des conventions irrévocables qui dépouillent le donateur, toute donation qui manque de ce caractère et qui laisse au donateur la liberté de l'anéantir, est une donation nulle, c'est-à-dire qu'elle n'est pas en effet une donation entre-vifs. C'est de ce principe que dépend cette règle, commune en cette matière, que *donner et retenir*

---

[1] V. Merus, t. XXXIII, p. 207.
[2] *Mémorables observations du droit françois*, v° *Donation*.
[3] *Loc. cit.*
[4] *Loc. cit.*
[5] *Loc. cit.*

ne vaut, ce qui signifie que si le donateur retient ce qu'il donne, il ne se dépouille pas et ne donne point. » — « C'est, dit aussi Pothier [1], le caractère essentiel et distinctif de la donation entre-vifs d'être irrévocable; car c'est ce qui la distingue de la donation pour cause de mort : d'où il suit que tout ce qui blesse cette irrévocabilité est un vice qui annule la donation entre-vifs, parce qu'il en détruit la cause. »

On le voit, à côté des explications qui rattachent la règle *donner et retenir ne vaut* à tel ou tel intérêt de telle ou telle personne, chez les auteurs mêmes qui les fournissent en se contredisant les uns les autres, s'en place une, sur laquelle ils sont unanimes, toute théorique d'ailleurs. Les plus éclairés d'entre eux n'ont pas fait apercevoir la distinction que nous indiquons en ce moment; peut-être ne l'ont-ils pas aperçue eux-mêmes. Ainsi, selon Ricard, la règle « ne contient autre chose que l'extension de la définition de nos donations aux termes que nous les pratiquons, étant appelées par nos coutumes *entre-vifs* et *irrévocables* [2]. » L'interdiction des conditions potestatives « résulte de ce que l'âme de la donation entre-vifs, ce qui la constitue telle et met la différence entre la donation à cause de mort, est le dessaisissement actuel du donateur, par lequel il témoigne qu'il aime mieux que le donataire soit maître et propriétaire de ce qu'il lui donne que lui-même [3]. » Mais, après ce passage où Ricard paraît songer exclusivement à l'essence de l'acte même, en vient un autre que nous avons cité, où il est dit que c'est la loi qui attribue cette essence à la donation entre-vifs pour assurer les héritiers contre des libéralités exagérées [4].

Ainsi les coutumes et les jurisconsultes ont cru qu'il ne pouvait y avoir de donation entre-vifs, sans dessaisissement actuel, sans irrévocabilité.

Ces deux conditions, également essentielles, sont, aux yeux de nos anciens auteurs, contenues l'une dans l'autre.

Déjà, nous venons de le voir, la même idée, celle de la préférence que le bienfaiteur accorde au donataire sur lui-même,

---

[1] *Loc. cit.*, § 2.
[2] *Loc. cit.*, n° 970.
[3] *Loc. cit.*, n° 900.
[4] De même Ferrière, sur l'article 273, n°° 7 et 8.

sert à Pothier pour établir que le dépouillement actuel est essentiel, à Ricard, pour démontrer qu'un acte révocable ne saurait être une donation. Ferrière en fait également usage, quand il veut justifier en même temps les deux applications de la règle : *Donner et retenir ne vaut* : « Il ne doit point dépendre de la volonté du donateur de laisser la donation en suspens et d'en pouvoir disposer au préjudice du donataire, d'autant que la nature et la substance de la donation entre-vifs consistent dans le *délaissement actuel* que fait le donateur de la chose donnée, par lequel il fait voir qu'il aime mieux que le donataire soit maître et propriétaire de la chose que lui-même [1]. » Le *délaissement actuel*, d'après Ferrière, ne se borne donc pas à la tradition ; il comprend l'irrévocabilité. La même idée se retrouve dans Bourjon [2].

Peut-être n'est-il pas moins vrai de dire que la nécessité du délaissement actuel résulte aussi de l'irrévocabilité. Sans doute, dans le dernier état du droit, la donation n'est point révocable par cela seul que la tradition ne l'a pas accompagnée ; le donateur vivant peut être poursuivi par le donataire. Mais nous avons cru reconnaître que, anciennement, l'action était refusée à celui-ci. Le donateur, qui n'avait pas livré, gardait alors le pouvoir d'exécuter ou de retirer sa libéralité. D'Argentré, Le Caron ne voulaient pas admettre qu'il révoquât, lorsqu'il n'exécutait point : ils préféraient voir dans le défaut de délivrance la preuve que l'acte était simulé. Ils mettaient une fiction à la place de la réalité ; ils y étaient forcés, reconnaissant au donataire le droit d'agir ; mais Laurière ne se trompait point, quand il disait : « Nos pères tenoient pour maxime que, tant que la donation n'avoit pas reçu sa perfection par la tradition, elle pouvoit être révoquée par une volonté contraire, ou expresse ou tacite, et que c'en étoit une tacite que de retenir la chose donnée pendant toute sa vie [3]. » Le délaissement actuel était la condition de l'irrévocabilité.

Ce qui vient d'être dit peut se résumer ainsi : nos anciens auteurs estiment qu'il n'y a point de donation, si le donateur ne se dépouille complétement. Cette idée est exprimée par

---

[1] *Eod.*, n° 1.
[2] *Droit commun de la France*, liv. V, tit. IV, part. IV, ch. I, sect. 1.
[3] Sur l'article 274 de la coutume de Paris.

Auroux des Pommiers dans les termes suivants : « Donner, c'est transférer au donataire libéralement la propriété de la chose donnée, le caractère de la donation entre-vifs étant de dépouiller le donateur de la propriété de la chose, et réserver par le même acte le pouvoir de disposer de la chose donnée c'est révoquer sa donation, retenir en donnant : *est donatum adimere*, dit Basmaison[1]. »

16. D'où était venue à nos coutumes, à nos anciens auteurs cette théorie sur l'essence de la donation ?

La croyance générale était qu'elle avait été empruntée au droit romain.

Ricard, après avoir dit que les coutumes exigent, les unes la tradition réelle, les autres une tradition quelconque, ajoute : « Ces usages différents sont tirés de la disposition du droit écrit, suivant les divers changements qui y sont arrivés dans la suite des temps ; se reconnoissant par là une vérité importante que j'ai remarquée en plusieurs occurrences, que notre droit françois, dans son origine, a été formé en quelques parties sur le droit romain, non pas tel qu'il a été réduit dans les derniers temps, et tel qu'il s'observe aujourd'hui dans les provinces que nous appelons du droit écrit, mais qu'il est passé dans les Gaules en quelque temps mitoyen, auquel plusieurs de nos coutumes ayant été formées, on n'a point suivi les mutations qui étoient depuis arrivées, sinon dans les réformations de nos coutumes, où la reconnoissance du droit romain étant encore une fois revenue en France depuis la découverte d'Irnerius, les rédacteurs des coutumes y ont changé en quelques points ce qui avait été ajouté au droit civil. De là procèdent quantité de différences qui se trouvent dans les coutumes, les unes ayant gardé l'ancien usage et la conformité qu'elles ont avec l'ancien droit romain ou le mitoyen, et les autres ayant été réformées sur le nouveau[2]. »

Laissons de côté ce qui concerne la tradition feinte ; attachons-nous aux caractères essentiels de la donation.

Il y en a deux qui se rattachent l'un à l'autre : le délaissement actuel, l'irrévocabilité.

C'est à la condition du délaissement actuel que s'applique le

[1] Sur l'article 212 de la coutume de Bourbonnais.
[2] *Loc. cit.*, n.° 905.

système de Ricard. D'après tous nos auteurs, comme d'après lui, il faut distinguer l'ancien droit romain et le droit de Justinien, le premier qui exigeait la tradition pour qu'une donation fût parfaite, le second dans lequel la donation était devenue un contrat, obligeant le donateur sans tradition réelle ou feinte.

Denys du Pont discute longuement pour prouver que les coutumes suivent le droit des Pandectes, où « la donation n'était point parfaite par le seul consentement et ne donnait pas d'action, avant la tradition de la chose, » tandis que Justinien attacha une *condictio* à la simple convention [1]. Le Caron nous dit de même : « Devant Justinien, la donation entre étrangers n'était réputée parfaite, sinon par tradition corporelle ou mancipation, qui était imaginaire vendition... Mais Justinien a voulu donner action pour la donation afin d'avoir tradition, indifféremment à toutes personnes, encore qu'il n'y eût stipulation pour lui donner force d'obligation [2]. »

C'était la loi Cincia qui passait pour avoir exigé la tradition ; c'était cette loi qui avait donné le ton aux coutumes. Nous ne voulons citer qu'une autorité, mais c'est celle d'un homme profondément versé dans la connaissance du droit romain, J. Godefroy ; il disait : « Cincia lex muneralis cohibendis donationibus lata mancipationis et traditionis in donationibus necessitatem regulariter induxerat. » On sait que la loi Cincia avait excepté certaines personnes de ses dispo-

---

[1] *Loc. cit.*, art. 169.

[2] *Mémorables observations*, loc. cit. — Cf. Ricard, loc. cit., n° 007. — Laurière, sur la coutume de Paris, t. XIII. — Les commentateurs de la coutume de Normandie, sur les articles 114 et 115, Bérault. « Ce n'est point donner sinon quand on cède et transporte la propriété et possession de la chose ; ce qui est conforme à l'ancien droit romain, parce que la tradition était nécessaire à la translation de la propriété. Mais d'autant que c'est contre ce droit introduit par Justinien...., pour cette cause on a trouvé qu'il était besoin de l'exprimer en la coutume. » Merville dit que « par l'ancien droit romain, les donations entre-vifs étaient nulles lorsque le domaine de la chose donnée n'était point transféré. » Patou, écrivant sur une coutume où la règle *donner et retenir ne vaut* n'est pas admise, ne conteste pas aux coutumes contraires l'autorité de l'ancienne jurisprudence romaine, « selon laquelle la tradition était nécessaire pour la validité de la donation entre-vifs. » (Commentaire sur les coutumes de la ville de Lille, tit. V, art. 1, gl. II, n° 11.)

sitions, c'est-à-dire qu'elle avait permis de leur donner au delà de la mesure fixée par elle-même. Selon Godefroy, l'exception consistait en ce que la donation faite à ces personnes était valable sans tradition [1].

Nous ne connaissons pas encore complétement la loi Cincia, mais nous savons qu'elle fixait une certaine mesure au delà de laquelle il n'était plus permis de donner, qu'elle n'avait pas eu pour objet de déterminer les caractères essentiels de la donation. Avons-nous besoin de faire observer sur quelle confusion repose la théorie de nos anciens auteurs ? Ils ne distinguent pas ce qui est nécessaire pour la translation de propriété de ce qui est nécessaire pour l'existence ou la validité de la donation, ou, s'ils font la distinction, comme du Pont, Le Caron et Ricard, ils la perdent immédiatement de vue. Sans doute, dans l'ancien droit romain, la donation ne transfère point par elle-même la propriété; la règle existe encore dans le droit de Justinien qui se contente de lui faire produire une créance. Mais si le donateur a promis au donataire sur la stipulation de celui-ci, n'est-il pas obligé ? Son obligation ne passe-t-elle point à ses héritiers ? La donation est donc parfaite sans tradition. Si notre ancien droit avait suivi la législation des Pandectes, il aurait reconnu à la simple convention, qui avait remplacé la stipulation, la même force obligatoire, et la donation eût été parfaite par le seul accord des parties. La stipulation n'existant pas chez nous et la réforme de Justinien ayant uniquement consisté à donner au pacte l'effet de la stipulation, il fallait avouer que notre droit coutumier s'écartait absolument du droit romain, des Pandectes aussi bien que du Code.

En passant condamnation sur le droit des jurisconsultes, on serait peut-être tenté de rattacher au droit impérial, contenu dans le Code Théodosien, la règle *donner et retenir ne vaut* et la nécessité de la tradition. D'une part, presque toutes les lois contenues au titre *De donationibus* de ce Code (viii, 12) semblent subordonner la donation d'une chose corporelle à la mancipation ou à la tradition préalable. Constantin pose le principe dans la loi 1 : « Et corporalis traditio subsequatur. » Les lois 2, 4, 5, 7 et 8 le rappellent; la loi 7 en particulier,

---

[1] Ad l. 1, C. Theod., *De donationibus*.

reudue par Constance, paraît aussi explicite que possible [1].
D'autre part, on sait que le droit romain a été connu de l'ancienne France par l'intermédiaire du Code Théodosien avant de se présenter dans les recueils de Justinien. Quoi d'étonnant si une idée contenue dans ce Code a été adoptée par nos aïeux ?

Le raisonnement que nous venons d'indiquer doit être écarté par une fin de non-recevoir. Dans quelle partie de la France s'est exercée l'influence du Code Théodosien ? N'est-il pas permis d'affirmer qu'il n'a pas eu de part à la formation des coutumes ? C'est précisément dans les pays où il était connu et suivi que la règle *donner et retenir ne vaut* n'était pas acceptée. D'ailleurs la doctrine qui s'y trouve contenue n'est très-claire qu'en apparence. Oui, il semble au premier abord qu'il ne puisse y avoir de donation sans tradition, mais les empereurs iraient-ils jusqu'à refuser la *condictio* à celui qui aurait obtenu une promesse sur stipulation, pour cause de donation ? Les textes ne le disent pas, et il est difficile de croire qu'une telle dérogation ait été apportée aux principes les plus certains du droit. Il est maintenant reconnu que Constantin avait exigé la tradition comme moyen de preuve. M. de Savigny a démontré cette vérité, en comparant le texte abrégé qui forme la loi au Code Théodosien avec la constitution originale, longue et diffuse, que contiennent les *Fragments du Vatican* [2]. La sanction de la prescription est contenue dans ces mots qui ne sont pas reproduits au Code Théodosien : *Temere non erit fides accipienda*, une autre preuve ne sera pas facilement admise, mais elle pourra l'être; il est très-vraisemblable qu'un écrit sera considéré par le juge comme suffisant. Ces mots importants ont été effacés par l'effet d'une abréviation maladroite, non par le désir de changer la décision de Constantin. Celui-ci, dans la loi 4, reproduit une constitution d'Antonin-le-Pieux sur la donation entre parents et enfants. Godefroy croyait que

---

[1] « Quum genitoris mei scitis evidenter expressum sit, nullam donationem inter extraneos firmam esse, si ei traditionis videatur deesse solemnitas, et idem hujusmodi necessitatem liberis tantum ac parentibus relaxavit, in omnibus deinceps observari negotiis oportebit, ut donatio inter extraneos minus firma judicetur, si jure mancipatio et traditio non fuerit impleta. »

[2] *Système du droit romain*, trad. de M. Guenoux, t. IV, p. 201, § 185.

cette constitution dispensait de la tradition une donation de ce
genre. Mais comment Antonin aurait-il introduit une exception
à une règle qui n'existait pas encore de son temps ? Son innovation consistait à rendre obligatoire le simple pacte de donation entre parents et enfants, Constantin la rappelle et la
consacre. Il est vrai qu'il suppose la donation faite sans
mancipation ni tradition, mais c'est qu'il la suppose faite
par simple pacte et ne pouvant devenir efficace en droit commun que par l'exécution. La réforme de Justinien consiste à
étendre la règle spéciale qu'Antonin et Constantin avaient
posée pour la donation entre parents et enfants. Cet empereur,
qui n'a pas pour habitude de cacher ses innovations, ne parle
d'une loi rendue par lui qu'à propos de la force obligatoire attribuée au simple pacte [1].

Ferrière se borne à dire : « Nos coutumes ont introduit une
jurisprudence contraire (au droit de Justinien), » et il n'essaye
pas de rattacher cette jurisprudence à l'ancien droit romain,
à la loi Cincia [2]. Pothier, dans son *Traité des donations entre-
vifs*, ne cite pas un texte romain sur le sujet qui nous occupe.
Merlin a le premier réfuté complétement l'erreur commune
des jurisconsultes qui l'avaient précédé [3].

Nos anciens auteurs ont voulu donner plus d'autorité à une
règle coutumière en lui attribuant une origine romaine. Ils
n'y ont réussi qu'au prix d'une erreur évidente.

Quant au principe de l'irrévocabilité, ils le considéraient
comme tellement certain qu'ils se dispensaient le plus souvent
de le démontrer, soit par des citations, soit par des raisonne-
ments. Aucun d'eux ne révoquait en doute qu'il n'eût été admis à Rome. C'était souvent aux lois romaines qu'ils s'en
remettaient pour savoir comment il fallait l'appliquer. Sur ce
point, aucun changement n'était signalé dans l'histoire de la
jurisprudence. La seule question qui parût douteuse était la

---

[1] L. 35, § 5, C., *De don.* (VIII, 54).

[2] Sur l'article 273, n° 4.

[3] « C'est, dit-il (*loc. cit.*, art. 1), une opinion assez générale qu'avant Justinien, auteur de la loi 35, C., *De don.*, on ne pouvait faire de donation
entre-vifs sans une tradition actuelle. Nous l'avons ainsi avancé nous-
mêmes dans les deux premières éditions de cet ouvrage ; mais, lorsqu'on
s'est trompé, il faut avoir le courage d'en faire l'aveu. Prouvons donc que
l'opinion dont il s'agit n'est qu'une erreur. »

suivante : le droit romain avait-il été si fermement attaché au principe de l'irrévocabilité qu'il eût proscrit toutes les conditions, même casuelles ? Et cette question était assez sérieuse pour exiger de longs développements [1].

Nos anciens auteurs commettaient encore une confusion à propos de l'irrévocabilité. Ce qui les trompait, c'était le parallèle établi entre la donation à cause de mort et la donation entre-vifs ; celle-là était révocable au gré du donateur, celle-ci irrévocable, mais les parties n'avaient-elles pas le droit d'insérer, dans l'une ou dans l'autre, des clauses qui dérogeassent au droit commun ? Nos anciens auteurs n'examinaient pas cette question.

Dans les pays de droit écrit, la règle *donner et retenir ne vaut* n'était pas admise, et cependant l'irrévocabilité était regardée comme naturelle aux donations entre-vifs : « Quoiqu'il soit de la nature des donations entre-vifs d'être irrévocables, » écrivait Fromental [2], et Despeisses : « La donation est entre-vifs..., lorsque le donateur a dit qu'il donnoit.... irrévocablement [3]. » Quelle fut la conséquence de la confusion que nous venons de signaler ? L'interdiction de toute clause par laquelle le donateur se réservait la faculté de disposer finit par être étendue aux pays de droit écrit, et les législateurs qui l'y établirent ne surent pas qu'ils innovaient. Chopin avait dit : « Il est notoire que la donation et rétention des choses données ne vaut par nos coutumes, auxquelles le droit civil est différent et les terres de France qui se gouvernent sous icelui [4]. » D'Aguesseau, après avoir fait rendre l'ordonnance de 1731, ne cesse de répéter dans ses lettres qu'elle est exactement conforme au droit romain : « On peut dire, écrit-il [5], que, par rapport à ce qui a fait le sujet de la nouvelle ordonnance, c'est dans les lois romaines que les pays qui se régissent par les coutumes ont puisé les principes généraux qui y sont suivis, » et un peu plus loin : « Les unes et les autres (les maxi-

---

[1] Ricard, loc. cit., nᵒˢ 1038 et s. — Ferrière, sur l'article 274, nᵒˢ 4 et s.

[2] Décisions du droit civil, canonique et françois par ordre alphabétique avec des observations sur l'ancienne et la nouvelle jurisprudence des pays qui se régissent par le droit écrit, vᵒ *Donations*.

[3] *Des Contrats*, part. I, tit. XIV ; des *Donations*, sect. II, nᵒ 1.

[4] Sur la coutume d'Anjou, liv. II, ch. II, tit. IV, *in fin.*

[5] Lettre 290, déjà citée.

mes du droit coutumier et celles du droit romain) s'accordent parfaitement en ce qui concerne l'irrévocabilité des donations entre-vifs. » Dans une autre lettre, il s'exprime ainsi : « Il n'y a certainement rien dans cette loi qui soit contraire ni à l'esprit, ni aux plus purs principes du droit écrit [1]. » C'étaient cependant les pays de droit écrit qui résistaient à l'ordonnance ; il fallut toute la courtoisie du chancelier pour épargner au parlement de Toulouse des lettres de jussion [2], et le parlement de Bordeaux en exigea [3]. Mais ceux qui résistaient ne semblent pas avoir invoqué cet argument que l'irrévocabilité n'était pas essentielle aux donations entre-vifs d'après le droit romain. Ils concentraient leurs efforts sur des points particuliers, notamment sur l'interdiction portée contre la donation de biens présents et à venir par l'article 15 de l'ordonnance.

III.

17. C'est peut-être notre ancienne histoire qui nous apprendra pourquoi le dessaisissement actuel et complet a été regardé comme essentiel à la donation entre-vifs. Nous y verrons qu'il a fallu imposer aux donateurs et à ceux qui les représentaient le respect des actes faits par les premiers.

Il est naturel qu'une personne qui a fait à une autre une libéralité se considère comme n'étant pas complétement dépouillée de ce qu'elle a donné ; les enfants ne comprennent pas sans peine qu'un don, au moins quand il est fait par eux, soit une aliénation ; ils ont souvent l'envie et se croient le droit de le reprendre ; le même sentiment existe, sans se montrer aussi naïvement, chez les hommes faits ; il faut qu'il soit combattu par la réflexion, par le respect du droit d'autrui, pour qu'il ne s'empare point d'eux ; c'est assez dire qu'il avait de grandes chances pour triompher dans l'âme des barbares.

De plus, les donations, depuis l'invasion et pendant tout le moyen âge, furent faites par des hommes non-seulement riches, mais encore puissants, à des hommes non-seulement pauvres, mais encore faibles et isolés ; si les premiers vou-

[1] Lettre 286, 21 avril 1731.
[2] Lettre 290, 24 juillet 1731.
[3] Lettre 294, 13 juillet 1731.

laient reprendre leurs dons, ils en avaient la force, ils en devaient éprouver le désir.

Enfin les héritiers d'une personne ne sont jamais satisfaits d'avoir été dépouillés par elle au profit de tiers, quels qu'ils soient; leur mécontentement est d'autant plus légitime que le lien de la famille est plus fort. Dans les temps barbares, des successeurs ne devaient pas hésiter à faire rentrer dans un patrimoine qui leur paraissait injustement diminué des biens sur lesquels le donateur lui-même ne se fût pas fait scrupule d'étendre de nouveau la main.

On comprend pourquoi, depuis l'invasion et pendant longtemps, les donations n'eurent aucune stabilité.

D'autre part, il faut observer qu'elles étaient très-nombreuses. C'est ce qui arrive dans les temps et dans les pays où règne une grande inégalité. Y aurait-il des donations entre-vifs, si toutes les fortunes étaient égales? Un grand nombre de personnes attendent alors tout de la libéralité. Ceux auxquels des services sont rendus ne peuvent s'empêcher de les reconnaître; ils hésitent d'autant moins qu'ils ne se sentent pas appauvris, parce qu'ils diminuent un peu une fortune considérable. Plus on avance dans le moyen âge, plus la donation se répand; un grand nombre de contrats, onéreux en réalité, en prennent la forme et le nom. Bracton finit par dire : « Inter alias causas adquisitionis, magna, celebris et famosa est causa donationis, » et un peu plus loin : « Per eam magis adquiritur et sæpius quam per aliam [1]. »

Ainsi les donations étaient peu stables, et cependant plus elles étaient nombreuses, plus il était important de leur assurer cette stabilité qui leur manquait.

18. Nous allons rapporter quelques-uns des faits ou des documents qui montrent et le mal et les moyens employés pour y porter remède, en attendant qu'on eût trouvé le seul efficace, le respect du droit et des conventions.

La plupart sont pris à l'histoire ecclésiastique, intéressent l'Église ou les monastères. Ce n'est pas que les donations qui leur étaient faites fussent plus fragiles que les autres. Mais les prêtres et les moines gardaient le souvenir de leurs bienfaiteurs comme de ceux qui les avaient dépouillés; ils compre-

---

[1] Lib. II, c. V, n° 1, fol. 11.

naient mieux que les laïques l'utilité des confirmations; ils savaient les obtenir et les revêtir d'une forme solennelle dans l'espoir souvent trompé de les faire respecter.

Nous nous occupons d'abord des temps barbares, de ceux pendant lesquels ont régné nos deux premières dynasties.

Les formules de Marculf, qui appartiennent à la deuxième moitié du VIIe siècle, contiennent des renseignements précieux pour nous.

Dans le premier livre, consacré aux actes royaux, nous voyons apparaître le caractère incommutable que la volonté du donateur imprime à la donation : « Suis posteris, Domino adjuvante, ex nostra largitate, aut cui voluerit ad possidendum relinquat, vel quidquid exinde facere voluerit, ex nostro permisso liberam in omnibus habeat potestatem [1]. »

Mais la volonté du donateur pourrait bien être méconnue par ses successeurs. Le donataire leur demande une confirmation dont voici le résumé : La piété commande de maintenir les actes des parents, surtout lorsqu'ils sont faits au profit de l'Église ou des saints. Tel évêque a fait savoir que tel roi a donné à son église telle villa et nous demande de confirmer la donation. Nous la confirmons au nom de Dieu, de telle sorte qu'elle demeure pour toujours à cette Église et que celle-ci en ait la libre et entière disposition [2]. La confirmation se fait dans les mêmes termes au profit d'un laïque [3].

La lecture de ces actes a fait dire que les princes, dans les temps barbares, n'étaient pas liés par les concessions de leurs prédécesseurs, et même que le principe de l'inaliénabilité du domaine royal avait son origine dans les institutions mérovingiennes. Nous ne nous occupons pas de ce principe [4]. Les

---

[1] Lib. I, *Prologi de cessionibus regis*, c. 14 et 15. Canciani, t. I, p. 199.

[2] C. 16. — Cf. *Recueil général des formules usitées dans l'empire des Francs du Ve au Xe siècles*, par Eugène de Rozière, CLIV, p. 197.

[3] C. 17. — M. de Rozière, CLII, p. 195.

[4] Nous demandons la permission de citer le passage suivant d'un traité, *De l'aliénation et de la prescription des biens de l'État*, par M. Arthur Desjardins : « Les termes même des formules suffisent à montrer que le pouvoir royal ne s'arrogeait pas ce droit de révocation. Un autre principe vient heurter le principe de l'irrévocabilité. Il n'est pas bien certain qu'à cette époque les rois se regardassent comme enchaînés par les engagements de leurs prédécesseurs, ou plutôt il est certain qu'ils trouvaient souvent commode de s'y soustraire. La présence des actes confirmatifs dans les formules de Marculf n'atteste qu'une réaction du droit contre le fait (p. 121). »

termes de la donation que nous avons rapportés, la transmissibilité aux héritiers (*suis posteris*), la faculté reconnue au donataire de disposer à son gré de la chose donnée, prouvent que le roi se dépouille sans retour. D'ailleurs si la première libéralité ne liait pas les successeurs, il en serait de même de la confirmation ; or nous trouvons dans cet acte des expressions non moins fortes : « Sub eo ordine ut ipse et *successores ejus* vel memorata ecclesia domini illius illam teneant et possideant, et *eorum successoribus* ad possidendum relinquant, vel quidquid exinde pro opportunitate ipsius sancti loci faciendum decreverint, ex nostro permisso liberam habeant potestatem. » Cette transmission de successeurs en successeurs serait tout à fait inexplicable, si la force juridique de l'acte devait cesser avec la vie du roi. Le même principe aurait gouverné sans aucun doute les donations et les concessions d'immunité. Or, dans les chartes qui confirment ces dernières, on lit : « Et ut hæc auctoritas tam præsentibus quam futuris temporibus inviolata, Deo adjutori, possit constari...[1] »

De ce qu'un droit est confirmé dans les temps barbares, on ne peut conclure qu'il eût cessé d'exister à défaut de confirmation. Il est certain que les ventes, que les échanges qui se font entre particuliers ne dépendent pas de la volonté du roi et de son existence ; les acquéreurs cependant lui demandent de les confirmer[2], c'est-à-dire de les protéger contre toute réclamation, contre toute violence. Ce qui est plus remarquable encore, c'est que les monastères et les particuliers se font confirmer toute leur fortune. L'acte s'exprime, en commençant, de manière à faire croire qu'il s'agit de dons royaux à maintenir : « La clémence royale décide avec raison de confirmer les dons et concessions de domaines faits par nos parents à ceux qu'elle sait avoir gardé leur foi inviolable envers les anciens rois, nos parents et nous-mêmes. » Mais, un peu plus loin, on voit que la confirmation a pour objet « tam quod regio munere ipse vel parentes sui promeruerunt, quam quod per venditionis, cessionis, donationis, commutationisque titulum ad præsens juste et rationabiliter est conquisi-

<hr>

[1] Lib. 1, c. 4. — M. de Rozière, XX, t. 1, p. 21.
[2] M. de Rozière, CCLXXXIV et CCLXXXV, p. 312 et 313; CCCXVII et CCCXVIII, p. 378 et 379.

tum et ad præsens possidere videtur [1]. » Ainsi la confirmation s'applique à des droits très-certainement incommutables.

Les formules des temps carlovingiens montrent également le roi ou l'empereur faisant une donation, qui doit demeurer inviolable dans l'avenir[2], prescrivant à ses successeurs de la respecter, ou bien confirmant une donation antérieure dans l'intention de la rendre inattaquable à jamais[3]. Le pouvoir royal veut s'enchaîner lui-même; il se pose la règle suivante. « Imperialem celsitudinem decet prædecessorum suorum pia facta non solum inviolabiliter conservare, sed etiam censuræ auctoritate alacriter confirmare[4]. » Le devoir de confirmer une donation n'est que la conséquence du devoir de la respecter.

Dans les formules faites pour les actes des particuliers, l'intention qu'a le donateur de se dépouiller irrévocablement apparaît avec non moins d'évidence, au temps des Carlovingiens[5] comme au temps des Mérovingiens.

Mais les parties contractantes savent combien la volonté de l'homme est changeante, quand il fait une libéralité, et combien les héritiers sont disposés à revenir sur les dons de leur auteur. Aussi le donateur lui-même prononce-t-il les malédictions les plus terribles, implore-t-il le secours du roi et de l'Église contre ceux qui voudront détruire ce qu'il a fait[6] : « Si, ce que nous ne pouvons croire, *quelqu'un de nos héritiers*, la cruelle cupidité des juges, ou une personne quelconque, réclame, en se mettant en contradiction, sous quelque prétexte que ce soit, avec notre volonté, qu'il soit chassé de la réunion de tous les chrétiens et de l'Église, qu'il n'ait d'autre société que celle de Judas qui trahit Notre Seigneur Jésus-Christ, que de plus il paye au monastère ou aux frères y résidant, ensemble au fisc très-sacré, associé dans les actes et dans la poursuite, tant de livres d'or, tant de livres d'argent, et qu'il ne puisse même pas ainsi revendiquer ce qu'il réclame,...[7] » La formule

---

[1] C. 31, p. 211. — M. de Rozière, CLI, p. 194. — C. 35, p. 213, M. de Rozière, CLVIII, p. 206.

[2] M. de Rozière, CXL, p. 177, et CXLI, p. 179.

[3] Id., XXIII, p. 31.

[4] Id., CLVI, p. 202.

[5] Canciani, app. ad Marc., *passim.*

[6] Eod. Marc., lib. II, c. 1, p. 220.

[7] Eod., c. 3, p. 223.

suivante, conçue dans les mêmes termes, contient de plus cette déclaration: « Bien qu'il ne soit pas nécessaire d'établir une peine dans les cessions, il nous a plu en insérer une pour plus de sûreté, *pro omni firmitate*, » et elle continue: « Si, ce que nous pouvons croire, soit *nous-mêmes*, à Dieu ne plaise! soit quelqu'un de nos héritiers ou de ceux qui en tiennent la place, ou toute personne... »

Il résulte de ces formules qu'une personne a le droit de disposer de ses biens à titre gratuit, c'est-à-dire de se dépouiller elle-même, de dépouiller ses héritiers, et qu'il faut cependant redouter une revendication exercée, sans aucun droit, soit par elle-même, soit par ses héritiers. De là les moyens employés pour assurer la stabilité de la donation, les foudres de l'Église, qui sera d'autant plus disposée à les lancer qu'elle aura ordinairement à protéger ses propres biens, une amende, sans doute fort considérable, un intérêt donné dans la poursuite au fisc royal, qui ne demandera pas mieux que de s'enrichir en protégeant la propriété.

Cette idée ingénieuse d'intéresser le fisc au maintien de la donation fait d'autant plus de progrès que le pouvoir royal est ou paraît plus fort. Sous les Mérovingiens et dans le deuxième livre de Marculf, le fisc n'est pas toujours mentionné, quelquefois on ne lui demande que de contraindre au payement celui qui aura encouru l'amende envers le donataire ou ses représentans. Au contraire, dans l'appendice, où se trouvent les formules carlovingiennes, il est toujours associé au donataire. Il est même vraisemblable qu'il finit par toucher seul l'amende[1].

Nous rencontrons des peines, non-seulement dans les donations, mais, en général, dans tous les actes qui confèrent ou transfèrent des droits, dans les dispositions testamentaires, nécessairement et par elles-mêmes opposables aux héritiers, dans les ventes, dans les échanges, etc., nécessairement irrévocables d'après l'intention des contractants. En fait, il n'est pas plus d'actes irrévocables que de droits assurés dans une société où la violence peut tout. La force naturelle des conventions ne suffisant pas pour les mettre à l'abri

---

[1] M. de Roziere, CXCIX, p. 238. — Hincmar, *De divortio Lotharii et Telbergæ*, éd. 1845, t. I, p. 611.

de toute atteinte, on imagine des garanties, destinées à être le plus souvent illusoires. Tous les actes sont exposés, mais la donation plus que tous les autres, parce que, après un certain temps, le souvenir qui en reste est celui d'une perte.

Un capitulaire de Louis-le-Débonnaire consacre ce principe que la donation, une fois exécutée, ne peut plus être révoquée. Il dit comment la tradition doit être faite et ajoute : « Postquam hæc traditio ista facta fuerit, heres illius nullam de prædictis rebus valeat facere repetitionem [1]. »

Malgré les capitulaires et les formules, les confirmations et les peines, rois et sujets méconnaissent constamment les intentions de leurs auteurs, oublient leurs propres conventions, reprennent les libéralités. Il faut entendre les vives plaintes qu'élève le célèbre archevêque de Reims, Hincmar, dans la seconde moitié du IXe siècle. Il s'indigne contre ceux qui confirment au hasard et à la légère ce qu'ils donnent à leurs fidèles ou à leurs amis, et le reprennent ensuite sans raison, quand ils se rappellent avec regret ce qu'ils ont donné. Ils ne songent pas qu'ils sortent du siècle, quand l'âme quitte le corps, que la terre demeure dans le siècle, que la charte de la confirmation royale est entre les mains de l'ancien possesseur des choses données [2], que les lèvres, quand les cœurs soupirent, sont excitées à maudire, non peut-être sans commettre de péché. Il fallait que le roi fît attention à deux choses, d'abord, à ne pas donner inconsidérément, ensuite à ne rien reprendre sans un jugement équitable, ou à ne pas laisser après le jugement la charte de donation intacte. Mais peut-être les princes qui liront ou entendront ces choses, diront : *Les évêques nous ont bien châtiés : nous ne donnerons plus rien, pour n'être plus repris.* — Les évêques n'ont pas défendu de donner aux lieux saints ou aux fidèles, eux qui chantent pour tous : — *Vovete et reddite Domino vestro*, etc. — *Omnia fac cum consilio et post factum non pænitebis.* — *Non facias quod iniquum est, neque injuste judicabis, et juste judica proximo tuo.* Comme le prince ne veut pas se voir en-

---

[1] Canciani, t. II, *Capitula addita ad legem salicam*, c. 6, p. 112.

[2] *A vacuo possessore*, dit le texte. Ces mots ne semblent pas devoir être pris dans le sens que leur donne le droit romain : *vacuus* paraît indiquer ici un possesseur dépossédé.

lever par un plus fort ce que Dieu lui a donné, que lui-même n'enlève pas, sans un jugement équitable, ce qu'il a donné ou ce qu'un autre a donné, parce qu'il est écrit : *Quod tibi non vis fieri, alteri ne facias* [1]. »

19. Il en était de tous les peuples barbares comme des Francs. L'illustre historien des *Moines d'Occident* dit, en parlant des Anglo-Saxons : « Il y avait d'autres rois. ,, qui révoquaient les donations faites par leurs prédécesseurs et réclamaient les domaines qui en avaient été l'objet, sauf à débattre leurs prétentions et la résistance des moines devant le Wittenagemot, dont les décisions pouvaient bien n'être pas toujours conformes au droit du plus faible. Les grands et les nobles n'imitaient que trop souvent les rois; ils revendiquaient les terres concédées aux monastères par leurs ancêtres, ou s'emparaient de celles qui les avoisinaient, en laissant la trace de leurs déprédations dans ces chartes nombreuses qui, en prescrivant des restitutions plus ou moins complètes ou tardives, démontrent en même temps que la violence et la rapacité n'avaient que trop souvent raison de la pieuse munificence des ancêtres. »

Chez les Lombards, la reine Théodelinde croit assurer une donation faite à une Église par la menace de la malédiction éternelle. « Si quelqu'un, en quelque temps que ce soit, est si téméraire d'annuler et casser cet instrument témoin de ma volonté, que celui-là au dernier jour du jugement, soit damné avec Judas [2]. » Quelques années après, Rotharis rappelle par deux dispositions le respect dû aux donations : « Nulli donatori liceat ipsum *thinx*, quod antea fecerit, iterum in alium hominem transmittere [3]. » Il applique ce principe à la donation faite par une personne de tout ce qu'elle laissera à son décès ; il ne permet pas que le donateur « dissipe ensuite sa fortune par esprit de dol, mais seulement qu'il en jouisse avec raison. S'il arrive une telle nécessité qu'il doive vendre ou engager la terre, avec ou sans les esclaves, il dira d'abord au donataire : — Tu vois que, pressé par la nécessité, je veux vendre ces

---

[1] *De divortio Lotharii et Telbergæ*, 12ᵉ Interr. Réponse, t. I, p. 638 et s.

[2] Paul Diacre, *De gestis Langobardorum*, trad. de Foubert, Paris, 1603, liv. IV, ch. VII.

[3] C. I, n° 174, Canciani, t. I, p. 76. Le *thinx* est l'acte judiciaire qui constate la donation.

choses. S'il te semble bon, viens à mon secours et conserve ces choses en ta propriété. — Si le donataire ne vient pas le secourir, l'autre à qui le donateur aura transmis ces choses les aura d'une manière stable et ferme [1]. » Charlemagne reste fidèle à l'esprit du droit lombard, en défendant que le donateur se réserve, « *comme cela se faisait jusqu'à présent*, le droit de vendre, donner, échanger, aliéner les mêmes choses par une autre charte; que chacun, dit-il, fasse définitivement de ses choses ce qu'il veut, et qu'il sache que notre autorité lui interdit absolument de faire deux traditions à propos du même objet. Mais, après qu'il aura fait une tradition pour les choses qui lui appartiennent, qu'il n'ait plus le pouvoir d'en faire une autre pour les mêmes choses [2]. » Le désir de maintenir les donations mène la législation lombarde au point où, plusieurs siècles après, il conduira les coutumes françaises : la règle *donner et retenir ne vaut* paraît consacrée en Italie. Il semble que la portée n'en ait pas été comprise; Lothaire dut faire une constitution pour permettre la réserve de l'usufruit au profit du donateur [3]. Les héritiers du donateur s'armaient de celle de Charlemagne pour prétendre que toute donation, contenant une réserve quelconque pour celui qui se dépouillait, était nulle, et ils reprenaient les biens donnés [4].

La loi des Allemands suppose qu'une donation peut être attaquée, soit par celui-là même qui l'a faite, soit par un de ses héritiers. « Qu'il encoure, dit-elle [5], le jugement de Dieu et l'excommunication de la sainte Église, qu'il paye l'amende contenue dans la charte, qu'il rende les choses en entier, et qu'il acquitte le *fredum* public, d'après la loi [6]. »

La loi des Bavarois décide qu'une fois la donation faite et la charte déposée sur l'autel, ni le donateur, ni ses descendants ne peuvent réclamer aucun pouvoir sur la chose donnée [7].

La loi des Wisigoths déclare les donations irrévocables,

---

[1] Eod., n° 173, p. 75.
[2] *Lois de Charlemagne*, c. 178, t. I, p. 158.
[3] *Lois de Lothaire Ier*, c. 17, p. 196.
[4] *Vetus nota marginalis in uno Codice regio legis Langobardorum*, reproduite par Baluze, t. II, 1191.
[5] Tit. I, § 2, Canciani, t. I, p. 323.
[6] Le *fredum* était un droit établi pour celui qui jugeait.
[7] Tit. I, c. 1, t. I, p. 358.

quel que soit celui qui les a faites, quel que soit celui qui les a reçues [1]. Elle contient deux dispositions remarquables et qui ne font qu'attester son respect pour la volonté des disposants. Si celui qui a écrit une charte de donation vient à mourir, avant d'avoir fait la tradition et sans avoir changé d'intention, le donataire peut revendiquer la chose. La loi admet la réserve de l'usufruit, mais en assimilant au testament la donation qui la contient, et par conséquent elle reconnaît au donateur la faculté de révoquer à son gré [2].

20. Les donations furent-elles plus solides dans les temps féodaux que dans les temps barbares ? On n'a que trop de raisons pour en douter.

Le moine Orderic Vidal semble avoir écrit principalement pour attester les innombrables donations faites à l'abbaye de Saint-Évroul. Que de précautions prises pour en assurer la durée ! « Un certain homme d'armes, vertueux et bon, nommé Wadon de Dreux, fit don de l'église de Saint-Michel sur Aure, dans le pays d'Évreux, avec le consentement de ses seigneurs, de ses enfants, de ses parens et de ses amis [3]. » — Les exemples rapportés presque à chaque page par Orderic Vital nous montrent qu'il fallait d'abord demander la confirmation au seigneur du donateur, quel que fût l'objet de la donation, quand même le bien ne relevait pas de lui, pour obtenir sa protection [4]. A cette confirmation on faisait ordinairement adhérer les enfants du seigneur [5]. La femme et les enfants du donateur signaient avec lui l'acte de donation. Est-ce parce que leur consentement, en particulier celui des enfants, était nécessaire pour la validité même de l'acte ? Un certain nombre de coutumes et de législations ont exigé le concours des descen-

---

[1] Lib. V, tit. I, c. 1 ; tit. II, c. 2 et 6, Canciani, t. IV, p. 114-116.

[2] Tit. II, c. 6, p. 116.

[3] *Coll. Guizot.* — Liv. III, t. II, p. 32.

[4] Liv. V, p. 411. Le comte Roger confirme une donation ainsi faite : « Le même Guillaume donna en outre à Saint-Pierre de Noron toutes les églises et les dîmes de tous les lieux, tant en Angleterre qu'en Normandie, ou en tout autre pays où il ferait des acquisitions. » — Pierre de Maule confirme dans les termes suivants (p. 426) : « Étienne, fils de Gislebert, donna aux mêmes moines (de Sainte-Marie) une terre d'une demi-charrue à Goupillières, et quoiqu'il ne dépendit pas de mon fief, j'ai corroboré cependant sa donation dans cette charte de ma propre main. »

[5] Liv. V, p. 390, etc.

dants à toute aliénation définitive des biens patrimoniaux.
Mais il ne semble pas qu'une telle règle ait existé en Normandie. Glanville dit : « Licet ita generaliter cuilibet de terra sua
rationabilem partem pro sua voluntate cuicumque voluerit li-
bere in vita sua donare; » un peu plus loin, il demande le consentement de l'héritier, mais seulement pour la donation faite
au moment de la mort [1]. Orderic Vital rapporte que Germond
le Roux de Montfort avait fait une donation à une abbaye de
Sainte-Marie avec le concours de ses fils Hugues et Gaultier.
Ce dernier, après la mort de Germond, « nia qu'il eût concédé
cette donation, prétendant que son père lui avait donné ces
biens avant d'en avoir fait part aux moines [2]. » Il nie son concours, pour se libérer de l'obligation qui en résulterait, mais
il critique la donation, comme ayant eu pour objet des biens
déjà donnés, non comme étant nulle parce qu'il n'y aurait point
concouru. Ajoutons que nulle distinction n'est faite entre les
biens patrimoniaux et les acquêts [3]. Après la mort du donateur,
les fils confirment sa libéralité, même quand ils y ont concouru
à l'origine [4], et ce concours ne fût-il pas contesté par eux,
comme il l'était quelquefois [5]. Le second successeur du donateur confirme comme le premier [6]. Les parents autres que les
fils interviennent dans les donations, tantôt comme témoins,
tantôt comme héritiers éventuels, et dans ce dernier cas, ils
s'obligent à respecter la donation s'ils viennent à succéder;
mais il est tout à fait nécessaire, quand la succession est ou-
verte à leur profit, que cette obligation soit fortifiée par une
confirmation.

Toutes ces adhésions, toutes ces confirmations du seigneur,
des enfants, de la femme, des parents, il fallait ordinairement
les payer, et quelquefois très-cher. Les prières ne suffisaient
pas. A l'un, le couvent donnait une once d'or [7]; à l'autre qua-
rante sous, dix sous [8], cinq marcs d'argent et un excellent

[1] Liv. VII, c. 1, Houard, t. I, p. 162.
[2] Liv. V, p. 435.
[3] Liv. V, p. 387. La confirmation s'applique à un bien acquêt.
[4] P. 423 et 432. Donation de Pierre de Maule, confirmée par Ansold de
Maule.
[5] P. 435 et 438.
[6] P. 395.
[7] P. 387.
[8] P. 390.

cheval [1], et les contestations aboutissaient à des transactions, naturellement plus onéreuses encore [2]. On comprend sans peine que les héritiers des donateurs s'empressassent ou de réclamer ou de confirmer. Mais l'Église, en faisant ces coûteuses concessions aux nécessités d'un temps où régnait la force, rédigeait et rapportait les actes qui les contenaient de manière à bien établir son droit antérieur sur les choses données. C'était toujours à sa charité qu'étaient attribués le payement d'une certaine somme, le présent d'un cheval, etc. Celui qui avait confirmé s'était acquitté d'une obligation ; elle se montrait généreuse envers lui ; mais elle n'admettait pas que son droit eût eu besoin d'être renouvelé par lui.

L'ouvrage de Bracton est un peu moins ancien que la Chronique d'Orderic Vital. Il renferme un chapitre consacré aux confirmations, et ce chapitre commence ainsi : « Comme quelquefois les donations, quoiqu'elles soient parfaites, sont empêchées par les héritiers, le donataire a besoin tantôt de la confirmation des héritiers, tantôt de celle des seigneurs, du roi, par exemple, ou des seigneurs inférieurs... La confirmation est la consolidation d'un droit antérieur et d'une propriété acquise, avec la première stabilité de la donation ; car elle n'attribue rien de nouveau, mais consolide et confirme le droit ancien... Si l'héritier a confirmé le don de son prédécesseur ou d'un autre, que le don ait été parfait ou imparfait, valide ou non, il ne pourra plus être attaqué [3]. » Du reste, même d'après Bracton, la confirmation sert principalement à couvrir les vices d'une donation antérieure. Le jurisconsulte, qui pose le principe de l'irrévocabilité, n'a pas besoin d'insister beaucoup sur un renouvellement qui ne ferait que prévenir une révocation *ad nutum*.

Nous avons déjà rapporté les principales décisions de Bracton et de Britton sur la tradition. La donation est, d'après eux, imparfaite, tant que la chose n'est pas livrée, et, pour que la chose soit livrée, il faut que le donateur en ait complétement abandonné la possession, *corpore et animo*. En vain aurait-il quitté le fonds, en vain y aurait-il introduit lui-

---

[1] P. 395.

[2] P. 435, 436, 438.

[3] C. 35, fol. 58.

même le donataire, l'abandon ne serait pas complet, s'il y y avait laissé sa femme et ses enfants, même un serviteur, même un animal, même des meubles. «Comment pourra-t-on savoir, dit emphatiquement Bracton [1], dans quel esprit le donateur a fait la donation? Dieu seul voit le cœur de l'homme; l'homme ne peut juger que sur l'apparence, etc.» Il faut qu'aucun doute ne soit possible, que la possession n'ait pu être conservée au donateur par aucun intermédiaire. «Que nulle presumpcion puisse être,» dit Britton [2], et plus loin, parlant de la «meyné (famille) et chateus (meubles), qe demeurent el tenement—: Par quel presumpcion overe pur les heirs le donour en tel cas, qe le donour retient le fee et le fraunc tenemet en volunté, coment qe il monstra autrement par colour de fet [3].»

Pourquoi ces précautions multipliées? cette recommandation d'un abandon si complet? C'est que les héritiers veillent, prêts à s'armer de la plus faible présomption pour attaquer l'acte, qu'ils regardent comme fait à leur préjudice. Il s'agit de leur enlever toute ressource. Aucun doute ne doit s'élever sur l'intention du donateur, sur la tradition qui en est le signe et l'accomplissement. C'est pour rendre la donation irrévocable que les jurisconsultes veulent rendre irréprochable l'acte par lequel elle est consommée.

Ce n'est pas seulement en Normandie, en Angleterre, que la donation est souvent menacée, que la confirmation est nécessaire. Les chartes abondent partout. Guy, comte de Poitiers, renouvelle en 1068 une libéralité faite par sa mère: «Concedo et ad integrum restituo.... sicut ipse et mater mea cum illo tenuerunt, et monasterio S. Trinitatis dederunt [4].»

M. Beugnot a publié, à la suite des assises de la Cour des Bourgeois, un certain nombre d'actes intéressants où apparaissent en même temps le désir de faire une donation perpétuelle et la crainte qu'elle ne soit révoquée après la mort du donateur : «Immutabili donatione confirmo et corroboro,

[1] C, 18, n° 4, fol. 11.
[2] Liv. II, ch. IX, n° 3.
[3] Eod., n° 7.
[4] Canciani, t. I, p. 198, note 1.

dit le donateur [1], ut in perpetuum jure hereditario honorifice possideant, potestative teneant, feliciter honesteque habeant; » il prononce des malédictions contre celui qui porterait atteinte à la donation, le condamne à restituer la chose, et à payer, en outre, mille livres *auri optimi*. Un autre donateur, se méfiant de lui-même, de son fils, qui signe avec lui, s'exprime ainsi : « Sub tali tenore et stabilitate, quod nec ego, nec filius meus Poncius, nec ullus ex heredibus meis, nec ulla potestas, etc. [2]. » Un troisième confirme une donation qu'il a faite en commun avec son père [3]. La propriété n'est pas mieux respectée dans l'Orient redevenu chrétien pour un temps bien court qu'elle ne l'avait été dans l'Occident à jamais conquis par les barbares. Le pouvoir royal n'a pas seulement à confirmer ses propres actes, chaque roi renouvelant les donations de ses prédécesseurs, les actes mêmes qui se font entre particuliers sont revêtus de sa sanction. En l'obtenant, les intéressés espèrent donner à leurs conventions l'autorité qui leur manque.

24. Les efforts faits durant plusieurs siècles pour rendre la donation entre-vifs aussi durable que les autres modes d'aliénation sont enfin couronnés de succès. Le principe de l'irrévocabilité est proclamé par tous ceux qui rédigent les antiques coutumes, par les divers auteurs des *Assises de Jérusalem*, par les coutumiers anglo-normands, par Beaumanoir. A mesure que l'empire de la force devient moins exclusif, que la justice et les lois reprennent quelque autorité, les précautions imaginées contre l'usurpation et la fraude perdent de leur utilité : à quoi bon insérer des malédictions et des peines pécuniaires dans les chartes? A quoi bon demander aux héritiers du donateur ou au donateur lui-même une confirmation qu'il faut payer et qui paraît impliquer le droit de révocation? Le temps arrive où, par sa propre vertu, un principe de droit garantit suffisamment la propriété des particuliers et le respect des conventions.

C'est le caractère commun de toutes les conventions que, une fois faites, elles ne sont plus subordonnées à la volonté

---

[1] T. II, n° 1, de 1103.
[2] N° 3, de 1110.
[3] N° 29, de 1145.

d'une seule partie. Celui qui a pu ne pas consentir, ayant consenti, n'est plus libre de retirer son consentement, malgré l'autre contractant. Voilà pourquoi la donation doit être irrévocable, comme la vente, comme l'échange, comme le louage. Mais cette vérité qu'on ne pensait pas à exprimer à propos de la vente, de l'échange, que les contractants reconnaissaient dans la pratique et que les jurisconsultes n'avaient pas besoin de poser en principe, était si souvent méconnue en matière de donation entre-vifs, qu'il était indispensable de la proclamer, de la faire reconnaître pour la faire respecter. De là une insistance qui a produit un singulier résultat. Un principe qui n'était exprimé qu'à propos de la donation a paru spécial à la donation. On s'est demandé en quoi il consistait, et, comme il était impossible de ne pas reconnaître que les autres conventions étaient irrévocables par nature, non par essence, on s'est persuadé que la donation l'était par essence, qu'aucune clause ne devait être admise qui porterait atteinte à cette essentielle irrévocabilité. Peu à peu le principe, ancien dans la forme, nouveau par l'esprit, se développa; il parut servir efficacement l'intérêt des héritiers, en rendant les donations d'autant plus rares que le donateur ne pouvait se réserver aucun moyen de les reprendre en tout ou en partie; il était vraiment utile dans les pays qui établissaient une différence, pour la quotité disponible, entre la donation et le testament; il s'introduisit dans un grand nombre de coutumes, surtout au moment de la deuxième rédaction, força l'entrée de celles où il n'était pas expressément admis, devint le droit commun de la France, fit apparaître progressivement toutes les conséquences qu'il contenait, inspira une grande partie de l'ordonnance de 1731 et fut accepté sans aucune contestation par les rédacteurs du Code Napoléon. La donation devint, si l'on peut s'exprimer ainsi, le plus irrévocable de tous les actes, précisément parce que, durant plusieurs siècles, elle en avait été le moins solide.

Quant à la tradition, exigée à l'origine pour la donation, comme pour tous les actes translatifs de propriété, elle acquit une importance particulière, à cause des difficultés qu'eut l'irrévocabilité à se faire admettre. Pour que le donateur et ses héritiers eussent perdu tout droit sur l'objet de la donation, il fallait au moins qu'ils eussent voulu se dépouiller complétement. Plus les conséquences d'une convention sont graves, plus il faut se garder de les attacher à un simple projet. Qu'il n'y ait pas moyen de revenir sur un acte, mais sur un acte consommé. L'esprit des Normands, jadis fertile en ruses, imagina des traditions apparentes qui trompaient tout le monde, même le donataire. Le donateur laissait un serviteur ou des meubles sur le bien donné. Les héritiers réclamaient ensuite, comme si ce bien n'eût jamais été livré. Les jurisconsultes déclarèrent que la tradition devait être complète pour être réelle. Ils assuraient l'irrévocabilité en même temps que la sincérité de la donation.

Un savant économiste a vivement critiqué la règle *donner et retenir ne vaut*, au nom de la liberté des conventions; il a demandé l'abrogation des articles qui en font l'application, dans le Code Napoléon[1]. Nous nous sommes contentés d'en rechercher l'origine et, pour ainsi dire, la légitimité historique. Si nous ne nous sommes point trompé dans nos recherches, dans nos conjectures, dans nos conclusions, la règle *donner et retenir ne vaut* n'eut, à l'origine, qu'un sens bien simple; la donation, une fois faite, est irrévocable, comme toute convention; tant que le donateur n'a pas livré l'objet donné, il peut refuser la livraison, révoquer par suite la donation, la donation n'existe donc pas. Mais le sens de la maxime changea. L'irrévocabilité parut si respectable qu'il ne fut point permis d'y déroger. Une règle faite pour assurer le respect des conventions ne servit plus qu'à en restreindre la liberté.

[1] M. Batble, *Révision du Code Napoléon* (*Revue critique*, t. XXVIII, p. 137 et 139 et *Cours d'économie politique*, 39ᵉ leçon, t. II, p. 184 et s).

Paris. — Imprimerie de Cosset et Cⁱᵉ, 26, rue Racine.

Paris. — Imprimerie de Crapelet et Cᵉ, 26, rue Racine.

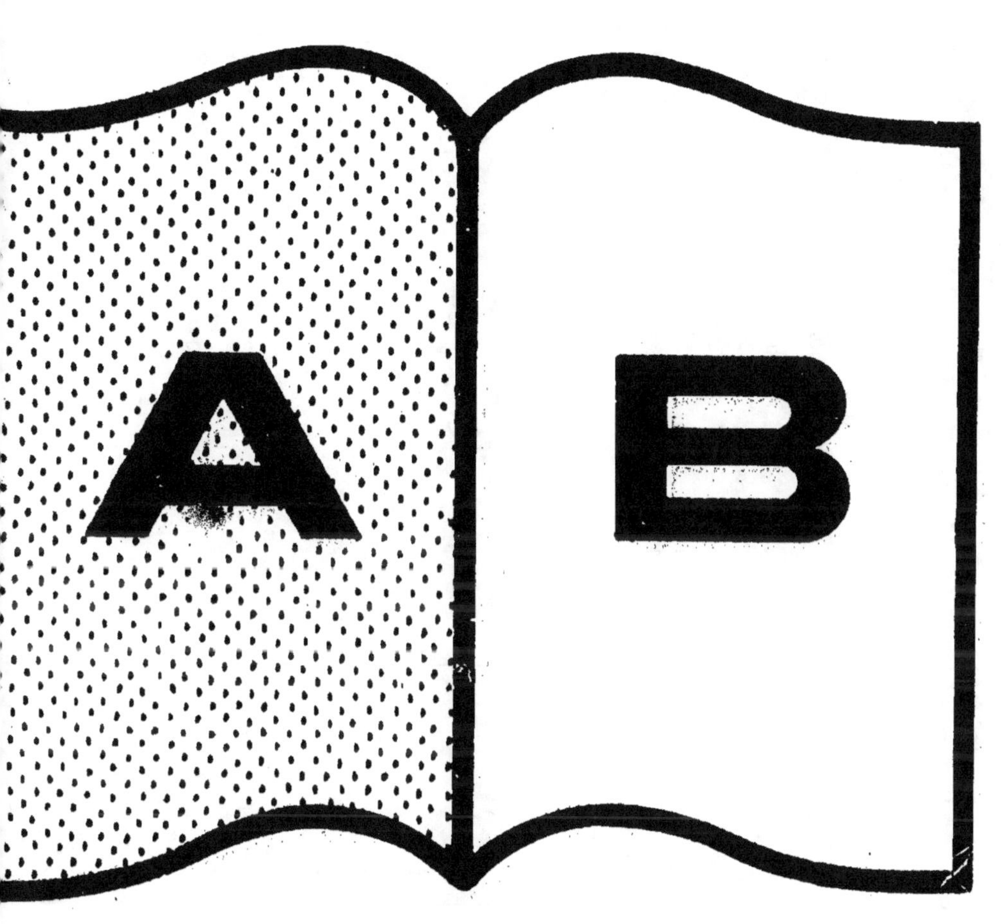

Contraste insuffisant

NF Z 43-120-14